图说
太平洋战争

殷占堂 编著

漓江出版社
·桂 林·

图书在版编目(CIP)数据

图说太平洋战争/殷占堂 编著.—桂林:漓江出版社，2014.9(2020.7 重印)
ISBN 978-7-5407-7117-1

Ⅰ.①图… Ⅱ.①殷… Ⅲ.①太平洋战争-史料-图集 Ⅳ.①E195.2-64

中国版本图书馆 CIP 数据核字(2014)第 116853 号

责任编辑:陆 源
图文整理:赵秉英
封面设计:尚世视觉

出版人:刘迪才
漓江出版社有限公司出版发行
广西桂林市南环路 22 号 邮政编码:541002
网址:http://www.lijiangbook.com
全国新华书店经销

三河市腾飞印务有限公司印刷
开本:960mm×690mm 1/16
印张:28 字数:80 千字 图:760
2014 年 9 月第 1 版 2020 年 7 月第 4 次印刷
定价:60.00 元

序 一

中国人民抗日战争纪念馆馆长
沈 强

认识殷占堂先生，缘于2013年10月在南京召开的“第四届海峡两岸抗日战争史学术研讨会”，殷先生的热情与朴实给我留下了深刻的印象。交谈中，得知殷先生有着丰富的生活阅历，他从部队转业后曾在河北电视台任编导，后来到日本富士、TBS电视台下属制片公司工作多年，有着丰富的编导经验。多年来，他一直致力于传播和研究抗战历史，曾策划拍摄过《白洋淀》、《日本老八路》、《呼唤和平》、《日本毒气岛》等电视专题片，翻译出版《三光》一书，编写《日军侵华图志》25册丛书的策划书及选题，多次带领日本老八路到我馆参观访问。可以说，他为抗战史的传播、研究发了光和热。此外，殷先生爱好广泛，尤以画艺、摄影及策划见长，曾策划举办过《中日友好书法展》、《中日友好书画交流展》等展览，为韩美林、刘生展、段忻然等知名画家编辑出版过二十多册画集，并在国内外举办过十几次个人画展。

殷先生曾在日本生活工作近三十年，期间，遍访日本的古旧书店、旧货市场，搜集购买了大量有关二战、抗战方面的图书资料。如今，他选取其中的上千幅珍贵历史图片，配以文字说明，编著成为《图说太平洋战争》一书，邀请我为此书作序。念及殷先生这些年来研究日本侵略历史孜孜以求的精神、为促进中日民间交流所做的不懈努力，我想通过自己的寥寥数语激励殷先生沿着自己的追求一直走下去；为推动抗战史的研究和普及抗战历史知识做出更多的贡献，是我应该做的。

“九一八”事变后，日本发动了蓄谋已久的侵华战争，直到1941年12月太平洋战争爆发的十余年间，中国人民在极少外援的情况下，艰苦卓绝地进行抗日斗争，有效遏制了日本侵略者的步伐，为世界反法西斯战争的胜利做出了不可磨灭的贡献，如果没有中国人民英勇抗击日本法西斯的武装侵略，世界反法西斯的战局恐将不堪设想。珍珠港事件爆发后，日本法西斯的侵略本质暴露无遗，以美国为首的盟国同中国人民一道，加入到反对日本法西斯侵略的斗争中。《图说太平洋战争》一书，通过翔实的图片，为我们展现了日本侵略者发动的战争给人类带来的灾难，宣扬了盟国对日本侵略者英勇斗争的事迹，记录了盟国对日本法西斯侵略者的正义审判进程，证实了二战后形成的国际秩序的不容否定。此书利用图片来叙述战争的进程，无论对于抗战史研究者，还是对于普通读者来说都具有不可低估的价值。

和平与发展是当今世界的主流，但近年来，日本右翼势力公然否定二战结果，不断为其侵略历史翻案，挑战国际和平秩序。以史为鉴，面向未来。历史是最好的教科书，历史不容忘却，任何国家和民族只有正视历史才能有光明的未来。《图说太平洋战争》一书，虽然不像鸿篇巨著那样系统论述历史，但它图文并茂，用珍贵的历史照片直观地展现了太平洋战争史。此书的出版将是对日本右翼势力的有力反击，相信通过阅读本书，读者们能从中得到正确的历史启示。

中国人民抗日战争纪念馆是全面反映中国人民抗日战争历史的大型综合性纪念馆，也是中国抗日战争史学会和北京中国抗日战争史研究会秘书处所在地。作为抗战馆的馆长，为抗战史学者和二战史学者搭建平台，推动学者推出越来越多的抗战史和二战史研究成果，是我义不容辞的责任。很高兴能与殷占堂先生相识相交，对殷先生《图说太平洋战争》一书即将出版表示衷心的祝贺！

2014年3月15日 于北京

序　二

东京大学国际关系学博士、
中国文化大学日本所史学所教授
陈鹏仁

2013年金秋，在南京举办的“第四届海峡两岸抗日战争史学术研讨会”期间，我与殷占堂先生相识。因为我们都在日本生活过二十多年，在状元楼酒店的下榻处相谈甚欢。

会议之后，我回到台湾，他回到北京。过了几天，他从北京给我传来他在南京会议期间为我拍摄的多幅照片。他的办事效率和友好热情使我十分感动。

为了参加“开罗会议”七十周年国际学术研讨会，我应邀飞往北京，与殷先生联络。一天夜晚，他与漓江出版社的黎学文编辑来会议中心看我。

寒暄之余，殷先生从提包里取出厚厚一部书稿，让我过目，书名是《图说太平洋战争》，以图为主，大约有上千幅珍贵历史图片。这些图片是殷先生多年来在日本古旧书店、旧货市场一点点搜集淘来的。除了编著这册《图说太平洋战争》之外，还为山东画报出版社策划了二十五册《日军侵华图志》丛书，并提供了自己的资料，计划在抗战胜利七十周年之际出版发行。

太平洋战争方面的著述，在美国、英国和中国等都有不少书籍出版，但用图片来叙述战争的全过程，却是一个新创意。因为图片更具有直观性、形象性和真实性，让读者有身临其境之感。此书可以说有填补有关太平洋战争资料空白之意义，它对一般读者、历史研究者、青年学生的历史教育都会起到十分重要的作用。

从1941年12月8日日军偷袭珍珠港开始，到1945年8月15日日本无条件投降止，在近五年的太平洋战争中，以美国为首的盟军和日军在广阔的太平洋上进行了异常激烈的血战。据日本厚生省援护局统计，太平洋战争期间，日本军事人员死亡2392000人（不包括非军事人员），因广岛和长崎投下原子弹死伤加上失踪人员是195665人，东京大轰炸死伤93118人，美军也战死三十多万人。

中国文化主张天下为公，世界和平；俄国文豪托尔斯泰说，世界上没有好的战争，没有不好的和平。过去一百七十多年来中国受尽帝国主义者欺凌侮辱，无以复加。今天中国人民站起来了，希望炎黄子孙为明日世界的和平好好贡献。

2013年12月10日

日本軍国主義者愚蠢地發動了太平洋戦争，而惨敗的結果清楚地証明發動侵略戦争者必定自取滅亡。受害最深的是普通士兵和人民。

日本八路軍新四軍会

会長　小林寛澄

二〇一三年七月一日

目　录

三　盟军大反击 / 171

四　美军清扫太平洋诸岛 / 303

五　战争结束 / 389

编后语 / 434

参考资料 / 436

一　偷袭珍珠港

日本偷袭珍珠港

太平洋南北长约 15900 千米，东西最大宽度约 19900 千米，面积 17968 万平方千米。太平洋是地球上四大洋中最大、最深、岛屿和珊瑚礁最多的海洋。

太平洋地区包括 30 多个独立国家，以及十几个分属美、英、法等国的殖民地。

1941 年 12 月 8 日凌晨 1 点 30 分，当地时间为十二月七日日本联合舰队的 138 架战斗机、鱼雷轰炸机，从 6 艘航母上轰然起飞。15 分钟后，第一波攻击机队编好了队形;7 点 49 分，第一波攻击机队指挥官渊田美津雄发出“突、突、突”信号，于是日本各种飞机，饿虎扑食一样向珍珠港内的美军舰队和岛上机场发动猛烈袭击，珍珠港福特岛、希凯姆、惠勒机场瞬时被炸得火光冲天，黑烟滚滚。紧接着日军第二波 167 架（轰炸机）也及时赶到加入战斗。在第一波攻击开始不久，渊田便向突击编队指挥官南云忠一中将发出“虎、虎、虎”偷袭成功的电报。很快，山本五十六、东京海军部以及大本营都收到这一特大“喜讯”。

这次偷袭，美军损失惨重：8 艘战列舰被击沉 4 艘，一艘还在逃跑途中搁浅，其余三艘受重伤。6 艘巡洋舰和 3 艘驱逐舰被击伤，188 架飞机被毁，155 架飞机受伤。2403 名美国人丧生，1299 人受伤。战列舰“亚利桑那”号被击中十来分钟后便沉入海底，舰上 1100 名美军丧生。

日军只损失了 55 架飞机，死伤约 100 名人员，其中 55 名为飞行员，日本偷袭珍珠港可谓损失小小的，收获大大的。

为什么日本选择 12 月 8 日为偷袭日呢？因为这一天是美国夏威夷的（12 月 7 日）星期天，正是美军休息日，防备松懈。选在凌晨，因为美军正在睡大觉，而且这一天是弦月，天亮之前月光明亮，便于看清偷袭地形和目标。并且，根据日本特务获得的情报，美国舰队都是周末从大洋训练区返回珍珠港休息。另外还有一个原因，这一天是日军在马来西亚登陆的日子，为了互相鼓劲儿。从以上几点可以看出日军的决策人员是多么的“精明”和具有“谋略”。

日本一个弹丸小国，为何要挑战从各方面都极其强大的美国，偷袭珍珠港呢?

由于地域狭窄，资源贫乏，加之日本武士道精神深入人心，日本从明治维新以来，就实行对外扩张策略。随着其工业化进展和军备的增强，先侵占朝鲜，后又侵略中国，进而企图霸占东南亚，实现所谓的“大东亚共荣圈”计划。日本是一个海洋国家，向海洋扩张是其强国战略。如果通过军事手段夺取了欧美国家在远东的殖民地，便可夺得丰富的自然物质资源，特别是石油。1940 年 9 月 27 日，日本与德国、意大利缔结《德意日三国同盟条约》，德军侵占了西欧后又进攻英国、法国与荷兰。因此日本认为是南进的绝好时机，美国担心其在东南亚的势力和利益全被日本夺去，因此对日本做出了强硬反应。一是，公开支援中国的抗日战争，并组派了以陈纳德为首的“飞虎队”空军。二是，1941 年 7 月 24 日罗斯福总统警告日本：如果日本继续向荷属东印度进攻，那就是远东的全面战争。可是，气焰嚣张的日军根本不听这一套，还是派兵“进驻”了法属印度支那南部（今越南），于是 7 月 26 日，罗斯福下令冻结日本在美国的资产。

28 日日本宣布冻结美英两国在日本的财产，8 月 1 日美国宣布对日本实行石油禁运。8 月 15 日美国宣布禁止一切物资运向日本。10 月 18 日，好战的日本东条英机内阁成立后，主战和主和两派争论开始，但是主战一派占了上风。于是 11 月 1 日，日本大本营和政府联席会议决定对美、英、荷开战，时间定为 12 月初。对美谈判可进行到 12 月 1 日。

11 月 26 日美国向日本驻美大使野村三吉郎提交了《赫尔备忘录》，大体内容是：如果签订新的日美贸易和解冻资金协议，两国必须倡议一切与远东有关国家签订互不侵犯条约。日、美、英、荷、中签订互不侵犯条约。日本从中国和法属印度支那撤出一切陆海空军和警察部队，日本撤销对汪精卫政府和“满洲国”的承认，放弃《德意日三国同盟条约》。这些条件正中日本要害，日本政府认为《赫尔备忘录》是美国对日本的无理要求！因此，日本下决心要向美国宣战。不过，日本人可是大大狡猾的，为了麻痹美国，4 月 28 日日本政府指示野村仍继续与美国周旋，不要给美方留下终止谈判的印象。实际上，11 月 26 日，就是美国向日本提出《赫尔备忘录》这一天，日本偷袭珍珠港的舰队，已经从北方择捉岛的单冠湾顶风破浪地向珍珠港进发了。10 天航行 3400 海里，悄悄接近了珍珠港。

从日本开始拟定偷袭珍珠港作战计划的那一天起，海军情报部门就把搜集美国特别是美海军的情报作为工作重点中的重点。1941 年 5 月以后，为了掌握有关珍珠港和美国太平洋舰队的情况，以各种身份在夏威夷地区活动的日本间谍就有 200 人之多。比如，日本在檀香山的间谍中心人物书记官森村正。他本名叫吉川猛夫，是个海军少尉，因病退役回到故乡休养，不久被召回东京。1941 年 3 月改名为森村正，搭乘新田丸号邮轮到达了夏威夷，担任总领事馆外务书记官。吉川所从事的间谍活动，在他自己后来的书中有这样的详细记载：他或是假扮菲律宾人到军官俱乐部洗盘子，或是带着日本艺妓环岛飞行，从高空侦察珍珠港，或是躲在甘蔗田里窥伺美军动态。他如此处心积虑送来的情报，包括港内美舰停泊位置和碇泊方法等都极其正确。

在开战之前，日本人已经完全查明了瓦胡岛的对空对海的防御措施、兵力部署、战备状况，以及舰艇飞机的种类、数量和驻泊情况等，并摸清了美军的活动规律。通过这些侦查，日军基本掌握了珍珠港的主要情况，为采取正确的突袭行动方案提供了可靠的依据。

日本偷袭珍珠港成功的原因很多，首先是情报工作做得仔细。为了摸清美军的底细，日本派了不少特务，伪装成旅行者、记者、商人去美国刺探，收集有关珍珠港、夏威夷地区的各种情报和资料。偷袭珍珠港的主谋和指挥山本五十六上将，也曾在驻美使馆当过三年武官，可以说是个美国通。1941 年春野村吉三郎海军大将成为驻美大使，因为野村是美国总统罗斯福的朋友，又一向以提倡与美英亲善而闻名，启用此人扮演“和平使者”的角色，容易起到欺骗作用。

其次，保密和伪装工作做得十分到家，联合舰队六艘航母、数十艘战列舰、巡洋舰、供油舰，不是直接向东直奔珍珠港，而是声东击西绕道北方的单冠港悄悄集中，给人以假象。为了保密，日军只将珍珠港作战计划，通知执行任务的部队，而且部队从单冠湾出发时，只有一小部分上层人员知道。11 月 26 日，山本上将给偷袭珍珠港的机动部队指挥官南云忠一海军中将发出绝密作战命令：“机动部队务于 11 月 26 日自单冠湾出发，竭力保持行动隐蔽。12 月 3 日晚进入待机海域并加油完毕。”担心遇上美国在太平洋的巡逻潜艇，机动部队在行程中 24 小时对潜艇实施警戒措施，日军知道美军巡逻机圈为 600 海里，为不被美巡逻机发现，机动部队选择了在阿留申群岛和中途岛之间海域航行。为避免在行进途中碰上其他国家商船，泄露军机，还派出三艘潜艇在大队前搜索前行，一旦发现情况，立即向机动部队通知，机动部队就会立即大角度改变航向。

同时日本在东京也假惺惺搞了一些遮人耳目的花样。在 12 月初，特地将驻扎在横须贺海军陆战队的官兵放假到东京闹市去游玩，人们看到满面笑容、欢天喜地游玩的军人，怎么会想到南云的机动部队如狼似虎地扑向珍珠港呢？同时机动部队还实行了严格的无线电管制：只收不发，不暴露编队行踪。天气似乎也帮助了日本人，12月初，天天乌云密布，海浪也较小，便于舰载飞机人员养精蓄锐。

同时，除驻美大使野村三吉郎，日本又派了一个特使来栖三郎与美国谈判周旋，而战舰群已临夏威夷。出其不意是日本人惯用的伎俩，就在偷袭珍珠港之前，日本报纸上连篇累牍发布官方消息，声言日本政府决不放弃和平希望，尽最大努力调整日美关系。这样做既可愚弄日本人民，又可迷惑美国，使其放松警惕。偷袭珍珠港已经成功，隔了七八个小时后，日本野村大使才于当日14点10分来到美国国务院外交官休息室，将迟到的“照会”交给美国务卿赫尔，赫尔打开照会扫了一下，盯着野村冷冷地说：“我同你们在过去9个月的谈判中，从未说过一句假话，这是有案可查的，我在任公职50年中，从未见过比这份照会更谎话连篇，歪曲事实的了，我至今才敢想象这个地球上，竟然有如此一个政府，能如此不顾事实来撒弥天大谎。”

美军的轻敌和麻痹助成了偷袭珍珠港的成功。由美国海军情报翻译班和陆军通讯情报处联合组建的“魔术”室情报主任克雷默少校，12月7日5时收到了日本政府又一份电报，指示野村大使，“至要，请大使将我方复文于华盛顿时间7日下午1时整，递交美国政府（若有可能请交国务卿）”。因为破译用了6个小时，离下午1时还剩2小时40分，克雷默计算出这个时间正好是珍珠港拂晓之时。他有一种莫名其妙的担心，认为这是偷袭的最佳时间。于是很快将这一情报发送有关官员，并向海军作战部部长斯塔克暗示了这一点，斯塔克也有同感。他本想打电话给身在夏威夷的太平洋舰队总司令金梅尔上将，可一想夏威夷正是早晨5时，怕惊了他的美梦而未敢打搅。美军参谋长马歇尔接到情报后，写了一个电文：“日本将于东部时间下午1时递交最后通牒之后，他们按照命令立即销毁密码机，现在我们不知该指定时间内的具体内涵，但必须酌情提高警惕，转告海军，马歇尔。”这封电报顺利传达到太平洋地区美军各指挥所，可惜的是由于电波干扰严重，夏威夷驻军未能收到，错过了备战时机。

12月8日6时30分，美军太平洋舰队的供应船“安塔尔斯”号，在即将驶入珍珠港时，在右舷1500米处发现了一个外形可疑的物体。船长克兰尼斯立即通知了在附近的驱逐舰“沃德”号，舰长奥特布里奇认定是一艘外国潜艇，舰长命令开火，并使用了潜水炸弹，将其击沉。这是微型潜艇，是日军派出的5艘之一，由于故障浮出了水面，这是偷袭珍珠港最先死的日本人，其余四艘也相继被炸沉。

日本原计划由这5艘微型潜艇偷偷潜入港内，先以鱼雷打头阵，后由各种飞机轰炸。美军也太麻痹了，发生这样的严重事件，美海军司令报告了太平洋舰队总司令金梅尔上将，竟然未能引起他的重视，他认为不能肯定这就是一次大规模攻击的前奏，而错过了备战机会。

日军空袭飞机投下了第一颗炸弹后，俯冲轰炸机呼啸着向下冲时，贝林格将军接到“日本人空袭珍珠港，不是演习！”情报，他竟然说：“你不该拿这种事开玩笑。”

轻巡洋舰“雷利”号上总值日官以为是一次常规的演习。

其实，在这天清晨7点零2分时，美军在瓦胡岛北边的一个雷达站已经发现有个庞大的机群在飞行，约有50多架。值班士兵将这一情况用电话传达到情报中心，可是在这千钧一发之际，值班中心主任和飞机识别官却没有在现场。值班中心助手泰勒接到电话后，他没想到是敌机，他认为是从美国海军航空母舰上起飞的飞机，是自己的大型轰炸机群。由于泰勒判断错误，未及时向上级报告，这给日军偷袭提供了最大的机会……

这是血的教训，我们当永远牢记，历史有时会惊人的相似。偷袭珍珠港，美国受到很大损失，但是在外训练的航母都保存了下来，而且在很短时间内，被炸伤的战列舰、巡洋舰等都修复。日军犯下了一个致命的战略错误，在第一次袭击成功后，南云忠一司令官未采纳渊田和联合舰队指挥部参谋们的意见，实行第二次袭击，而是命令部队返航，这就坐失良机了。在偷袭的第二天，罗斯福总统在国会大厦宣布“12月7日是美国的国耻日”。8日下午4时10分，美国签署对日宣战书。

在“长门”旗舰上的司令官山本五十六。

这艘日本袖珍潜艇正企图袭击珍珠港，但被美军“沃德”号巡洋舰发现后将其击沉，并向美国当局发出警报，不过这一警报来得太晚了。

12 月 8 日，英国宣布与日本处于战争状态。

12 月 9 日，中国国民党政府正式对日本宣战。

紧接着加拿大、澳大利亚、荷兰、新西兰等 20 多个国家对日本宣战……

詔書

天佑ヲ保有シ萬世一系ノ皇祚ヲ踐メル大日本帝國天皇ハ昭ニ忠誠勇武ナル汝有衆ニ示ス

朕茲ニ米國及英國ニ對シテ戰ヲ宣ス朕カ陸海將兵ハ全力ヲ奮テ交戰ニ從事シ朕カ百僚有司ハ勵精職務ヲ奉行シ朕カ衆庶ハ各々其ノ本分ヲ盡シ億兆一心國家ノ總力ヲ擧ケテ征戰ノ目的ヲ達成スルニ遺算ナカラムコトヲ期セヨ

抑々東亞ノ安定ヲ確保シ以テ世界ノ平和ニ寄與スルハ丕顯ナル皇祖考丕承ナル皇考ノ作述セル遠猷ニシテ朕カ拳々措カサル所而シテ列國トノ交誼ヲ篤クシ萬邦共榮ノ樂ヲ偕ニスルハ之亦帝國カ常ニ國交ノ要義ト爲ス所ナリ今ヤ不幸ニシテ米英兩國ト釁端ヲ開クニ至ル洵ニ已ムヲ得サルモノアリ豈朕カ志ナラムヤ中華民國政府曩ニ帝國ノ眞意ヲ解セス濫ニ事ヲ構ヘテ東亞ノ平和ヲ攪亂シ遂ニ帝國ヲシテ干戈ヲ執ルニ至ラシメ茲ニ四年有餘ヲ經タリ幸ニ國民政府更新スルアリ帝國ハ之ト善隣ノ誼ヲ結ヒ相提攜スルニ至レルモ重慶ニ殘存スル政權ハ米英ノ庇蔭ヲ恃ミテ兄弟尚未タ牆ニ相鬩クヲ悛メス米英兩國ハ殘存政權ヲ支援シテ東亞ノ禍亂ヲ助長シ平和ノ美名ニ匿レテ東洋制覇ノ非望ヲ逞ウセムトス剩ヘ與國ヲ誘ヒ帝國ノ周邊ニ於テ武備ヲ增強シテ我ニ挑戰シ更ニ帝國ノ平和的通商ニ有ラユル妨害ヲ與ヘ遂ニ經濟斷交ヲ敢テシ帝國ノ生存ニ重大ナル脅威ヲ加フ朕ハ政府ヲシテ事態ヲ平和ノ裡ニ囘復セシメムトシ隱忍久シキニ彌リタルモ彼ハ毫モ交讓ノ精神ナク徒ニ時局ノ解決ヲ遷延セシメテ此ノ間却ツテ益々經濟上軍事上ノ脅威ヲ增大シ以テ我ヲ屈從セシメムトス斯ノ如クニシテ推移セムカ東亞安定ニ關スル帝國積年ノ努力ハ悉ク水泡ニ歸シ帝國ノ存立亦正ニ危殆ニ瀕セリ事既ニ此ニ至ル帝國ハ今ヤ自存自衞ノ爲蹶然起ツテ一切ノ障礙ヲ破碎スルノ外ナキナリ

皇祖皇宗ノ神靈上ニ在リ朕ハ汝有衆ノ忠誠勇武ニ信倚シ祖宗ノ遺業ヲ恢弘シ速ニ禍根ヲ芟除シテ東亞永遠ノ平和ヲ確立シ以テ帝國ノ光榮ヲ保全セムコトヲ期ス

御名御璽

昭和十六年十二月八日

各國務大臣副署

1941 年 12 月 8 日由日本天皇签署发布的对美英军宣战的诏书。

珍珠港全景。

在日军第一次空袭中，停在港内的美国舰群燃起熊熊大火。

日军第一次攻击后的珍珠港。

美舰“西弗吉尼亚”号在空袭中受重创。

日机超低空飞行轰炸瓦胡岛的美军基地。

美舰“内华达”号左舷前部被一枚鱼雷击中后，全力向港外航行，在福特岛西南触礁。

“西弗吉尼亚”号战舰遭日机空袭后燃起大火，美军拼命喷水灭火。

美舰“亚利桑那”号被炸不到十分钟，舰体从中间断裂，1460 名美海军官兵被大火包围，舰身倾斜。

燃起大火的“内华达”号战舰已开始倾斜。

福特岛上的美国海军只好眼看着“亚利桑那”号被大火吞噬。

乘特殊潜艇偷袭珍珠港的日海军，9人被炸死，日军誉之为“海的九军神”。

“宾夕法尼亚”号战舰被炸后的景况，前面是“田纳西”号。

从航母“瑞鹤”号甲板上起飞的日军轰炸机。

日航母“瑞鹤”号甲板上的攻击机群随时待命起飞。

被炸后的美军惠勒机场。

从空中看被炸后的希凯姆机场。

美军“宾夕法尼亚”战舰被日军6枚鱼雷、800公斤炸弹3发、250公斤的炸弹1发击中。

偷袭之前从空中看珍珠港内的美军战舰。

被袭击后的“宾夕法尼亚”和“田纳西”号美战舰起火燃烧。右侧黑烟是从“亚利桑那”号的火药库升起的。

偷袭前停泊在福特岛周围沿岸的美战舰群。

多数美战舰被袭击后，舰体破坏，而且油库里的重油流出，在海面上燃起火海。慌乱中的美海军只顾逃命，没有对日机做出有效反击。

1918年美国总统威尔逊出席巴黎和平会议，护送他从纽约出航时“亚利桑那”号的雄姿。

以上这四张照片是“亚利桑那”号被日军多枚鱼雷和炮弹击中后起火的情景，漂流在海面上的汽油燃起的浓烟，将珍珠港的黎明变成了黑夜。

被黑烟和火焰笼罩的美军兵营前，美军惊慌失措。

希凯姆机场飘扬的美国星条旗。

被炸后希凯姆机场美陆军特种部队的物资仓库起火冒烟。

被黑烟笼罩着的美海军基地。

被日军机群第二次攻击后的卡内奥赫海军基地上的PBY警戒机损失惨重。

惠勒机场上被炸的P-36和P-40美军战斗机残骸。

美军技术军官在惠勒机场调查 P-40 战斗机被破坏的情况。

12 月 7 日 8 时，美舰“加利福尼亚”号响起警报，中了 2 枚鱼雷，1 发炸弹。8 时 5 分，舰上的弹药库爆炸，50 多名水兵被炸死。

紧挨着“加利福尼亚”号的输油舰“尼奥绍”号，恰好刚刚输入了50万加仑的航空汽油，舰上炮兵仓促应战，打下一架日本军机。

希凯姆机场上的B-17轰炸机，远处是“亚利桑那”号被炸后的滚滚黑烟。

被两枚鱼雷和一颗炸弹击中的“加利福尼亚”号，后方是“亚利桑那”号。

美太平洋舰队旗舰“宾夕法尼亚”号和驱逐舰“柯提斯”号损害不重，但燃油引起大火。这是日军从飞机上拍摄的照片。

被炸后的美军飞机残骸。

被美军击落的日军飞机碎片，挂在了树枝上。

珍珠港偷袭，日军损失轻微，两次攻击一共损失29架飞机，55名空军。图为被美军击落的日军飞机残骸。

美国海军在福特机场拖走日军自杀性爆炸后的飞机残骸。

被击落的日军战斗机，坠毁在珍珠港美军海军医院的广场上。

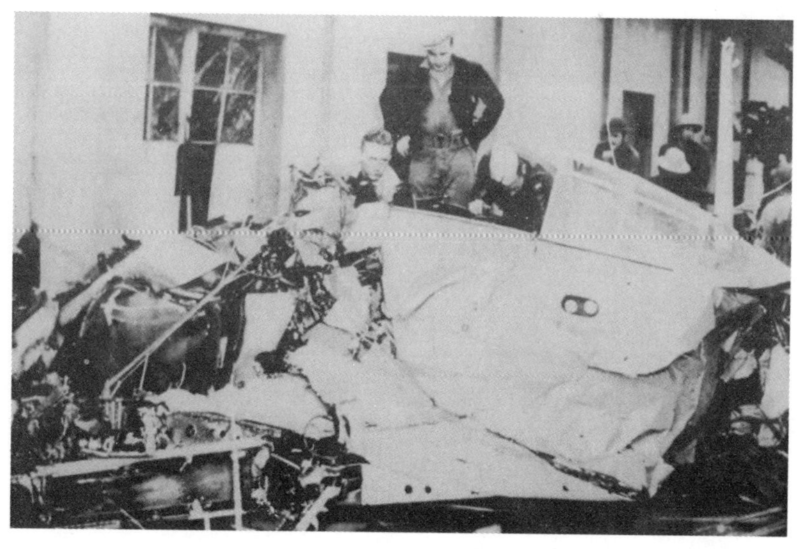

坠落在希凯姆飞机场兵器修理厂附近的日零式战斗机。

珍珠港偷袭，日军派出五艘微型潜艇攻击美舰，少尉酒卷和男和军曹稻垣清驾驶的潜艇，由于机械故障（运转指针）没能攻入珍珠港，被美驱逐舰追赶而迷失了方向，在奥洛斯海滩触礁。稻垣清死亡，酒卷和男被俘（成为第一号俘虏，战后回到日本）。

1950 年 7 月 15 日，从珍珠港海水中找到的日本特殊潜艇。

在卡内奥赫美海军航空基地举行了美军牺牲者合葬仪式。

日本士兵为在偷袭珍珠港作战中死去的战友献花。

几艘美军战列舰虽遭重创，但很快修复，美国太平洋舰队并没有被彻底摧毁。

日军的袭击使“西弗吉尼亚”号和“田纳西”号遭受重创。在袭击中，“亚利桑那”号的一个弹药库发生爆炸，船身断裂，造成1000多人死亡。图为正在燃烧的“亚利桑那”号。

“零战”是日本海军从1940年到1945年主力舰载战斗机，整个太平洋战区都可以见到它的踪影，堪称日本海军在二战时最知名的战斗机。生产年为1939年，也是日本纪年2600年，因此被称为零式战斗机，正式名称是“零式舰载战斗机”，简称“零战”。在战争初期，“零战”以爬升率高、转弯半径小、速度快、航程远等优点压倒美军战斗机。

渊田美津雄，（1902年12月3日—1976年5月30日），日本海军航空兵，曾经参加过偷袭珍珠港作战，任飞行总指挥，曾任“赤城”号航母飞行队长。为突袭成功，战前带领日本联合舰队第一、第二航空队在鹿儿岛进行了严格的训练。

1941年12月8日凌晨，渊田带领九七式舰上攻击机进行了第1波攻击，并发出著名的“突、突、突”攻击命令，奇袭成功之后，也是他向南云中将发出“虎、虎、虎”奇袭成功的电报。珍珠港偷袭成功后，渊田极力主张进行第二次突袭，因被南云忠一、山本五十六拒绝而愤愤不平，之后他又参加了印度洋作战。

1942 年 10 月调到横须贺航空队任教官。

1943 年 7 月 1 日调任大本营直属第一航空队，任航空主任参谋。

1945 年 11 月 30 日—1946 年 3 月在日本第二复员局工作。

也许是杀人无数，良心不安，放下屠刀的渊田，想立地成佛，他竟然信了基督教，并到美国去修道。后又跑回日本到处演讲传教，让人们信奉上帝，少做恶事，祈求世界永久和平，他在美国的儿女也都信了基督教。

由于渊田常年传教奔走，得了心脏病和糖尿病，回到日本后，1971 年被选为大阪水交会会长，1976 年 5 月 30 日病故，享年 73 岁。

1941 年 12 月 10 日由东京八家新闻社主办的“击破美英动员大会”在东京后乐园球场举行庆祝奇袭珍珠港大胜大会，煽动军民斗志。

二　日军横扫东南亚

日军占领香港仅用18天

1840 年鸦片战争之后，香港成为英国的殖民地，香港不仅是世界著名的贸易和金融中心，更是连接东南亚和南太平洋的重要战略基地。日本为了实现“大东亚共荣圈”的美梦，很早就对香港垂涎三尺，日夜梦想把香港据为己有，作为进攻东南亚各国的跳板和基地。于是，在 1941 年 12 月 8 日，在日本联合舰队偷袭珍珠港的同一天，日军以 23 军的司令官酒井隆中将、参谋长栗原忠道少将的第 38 师团（师团长佐野忠义中将）为主力，以第二遣支舰队（司令官新见政一，参谋长安场保雄中将）为支援进攻香港。

英军为了保住香港，早早加强了九龙半岛要塞的装备和兵力。1941 年 10 月还从加拿大调来 2 个大队补充九龙半岛的兵力。为了顺利夺取香港，日本军部早已做出了侵略计划，为攻破英军要塞的炮台，日本早在 1940 年 7 月就在 38 师团内组建了一支陆军最大最强的攻城炮兵部队。从 12 月 8 日开始进攻，经过 18 天的苦战，于 12 月 25 日占领了香港。

日军38师团野战重炮，第14联队（联队长佐藤武明大佐）向香港市内连续炮击，引起大火和滚滚黑烟。

日军攻击香港的第一攻城炮兵部队，配备了24毫米榴弹炮8门，15毫米加农炮16门，15毫米臼炮12门。图为进攻香港的日军炮兵在擦拭炮弹。

日军重炮第一联队，使用 45 式 24 毫米榴弹炮在九龙半岛炮击香港。

日军“嵯峨”号舰于 12 月 11 日运送陆军在九龙半岛西边的青衣岛登陆。

1941年12月8日上午8点左右，日军飞机开始轰炸启德机场，英军十几架飞机被炸。12月12日，日军38师团229联队攻占了香港启德机场。图为229联队士兵在被炸毁的英军飞机前休息。

12月12日7点30分，日军第230联队的野口挺进队350人，从右翼突袭英军阵地，仅两小时便结束战斗。图为被日军押送的英军俘虏。

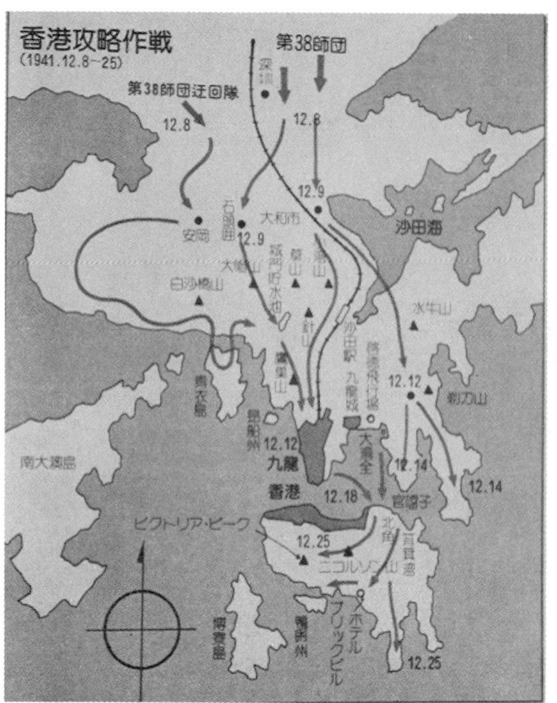

日军香港攻略作战图。

向香港水牛湾一带进攻的日军右翼迂回部队。

弹痕累累的英军碉堡。

12 月 13 日，23 军参谋等人，在英国妇女的带领下，两次到总督府劝说港督杨慕琦总督投降，都被杨拒绝。因为在此之前，他曾收到首相丘吉尔的电报“如能多抵抗日军一日，对于全球之盟军，仍能有所贡献”。

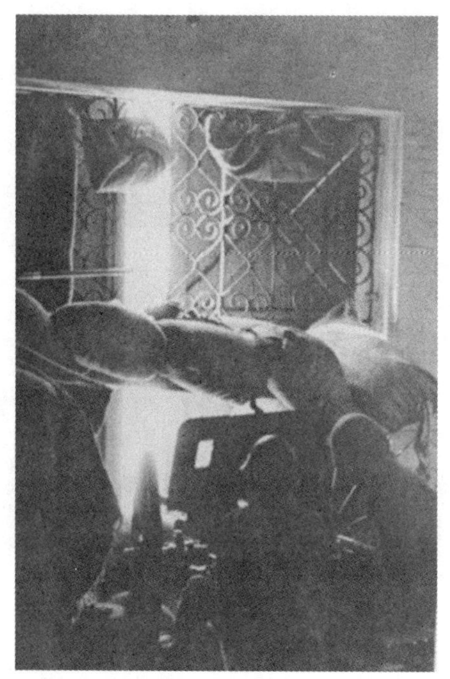

12月22日占据大陆公司仓库的日军部队，为了抵抗英军的反攻用仓库里的砂糖麻袋代替砂包进行防御。

为了阻挡日军进攻，英军在扯旗山、歌赋山、西高山一带建筑了复式防御工事。图为日军38师团的独立山炮第10联队炮轰英军阵地。

12月24日，日军独立工兵第20联队，占领香港市街，察看一辆英军坦克，照片前的大坑就是被日军炸的弹坑。

12月25日4点30分左右，英军各处阵地打出了投降的白旗，5点稍过英军派出了投降谈判使者。同一天夜里，英军决定投降。图为香港市民得知日军侵占了全港，背着粮食口袋纷纷逃难的情况。

12 月 25 日晚，日军 38 师团参谋长阿部芳光和英国驻香港总督杨慕琦、香港英军司令官莫德比少将，在九龙半岛的宾馆里签署了无条件投降书。由于战事引起了停电，签字只好在蜡烛照明下进行。日军攻占香港一共用了 18 天，英防卫军死伤 4000 余人，日军死伤 2700 余人。日军对当地居民进行了残酷的镇压和屠杀。

日本陆军第 228 联队的西山大队，伙同师团参谋人员，于 26 日午后 1 点，作为第一批进驻香港的部队，解除了英军的武装。图为被收缴的英军装备，仅机关枪就有 1020 挺。

图为散乱在英军阵地的弹药。

日军在香港九龙半岛设立的后勤补给厂的士兵在修理军鞋。

日军占领香港后，于28日下午2点和3点分别在九龙半岛和香港本岛举行了正式入城仪式。为首的是23军司令官酒井隆中将和海军司令新见政一中将等。

日军23军司令官酒井隆中将（左）和海军司令官新见政一中将，踏上了香港的土地。

日军侵略香港战斗损失轻微，进攻九龙半岛战死22名，伤121名，香港本岛战死638名，伤1412名。图为日军在启德机场飞机库内为死者举行祭奠葬礼。

香港攻防战中，防卫部队（英军和印度军）一共是12000人，结果被俘9495，印度军一部分被日军编为印度独立义勇军。其余的俘虏都被送往日本等地的俘虏营，强迫进行重体力劳动。图为印度人俘虏群。

日军占领香港后，于1月19日设立了总督部，矶谷廉介中将被任命为第一任香港总督。图为日军在街道上盘查行人。

1942年2月20日日军解散了前不久成立的军政厅。图为香港渔民在日军统治下，开始了三年多的亡国奴生活。

侵占泰国

日军侵略东南亚第一步就是强行占领泰国。因为没有受到泰国的抵抗，所以史称“和平进入”泰国，实际是明目张胆的侵略。

1941 年 12 月 7 日正午，日驻泰大使向泰国政府提出“进驻”泰国之事，强硬地规定，在 24 小时之内给予答复，并指出不论是否同意，日军都要按计划“进入”。泰国感到十分屈辱，直到 8 日下午 3 时也未答复。8 日 3 时 30 分，日本南方军司令寺内寿一下令：近卫师团“进入”泰国。另一部从海上登陆，两股部队于 9 日凌晨，占领了曼谷。一个弱小的国家，一天之内便完全陷落。12 月 21 日，泰国被迫与日本签订了《日泰军事同盟条约》。一个主权国家就这样成了日本的附属国，多么悲哀！没有强大的国防力量就会任人侵略、欺负。

日军近卫步兵第 5 联队（联队长岩畔豪雄大佐）以所谓“和平”形式向泰国的曼谷进军。

日军侵入泰国曼谷市街，部队在有名的五城寺院前行进。

1941 年 12 月 9 日日军“进驻”泰国后，于 12 月 21 日强行与泰国签订了《日泰军事同盟条约》。条约规定，双方在军事上互相支援，不得单方面与敌国讲和或停战。图为在曼谷一家寺院内签约的情景。

日军侵占泰国后，煽动泰国青年为伪政府服务。图为在日军操纵下成立的女子青年运动队。

在日军操纵下还建立了伪步兵、骑兵和自行车青年队。

伪自行车队。

伪步兵队。

伪泰国青年运动队在进行实战演习。

马来海战

随着日军偷袭珍珠港成功，日军高层认为应乘机全面推进，侵占香港、马来亚、菲律宾，以及盟军在太平洋上的岛屿。为了集中优势兵力，日军从中国战场调走了一部分兵力，拼凑成南方军，由寺内寿一大将为总司令，塚田功中间为总参谋长。由 16 军（司令官，今村均中将；参谋长，冈崎清三郎少将）负责攻打荷法属印度支那，第 23 军（司令官，酒井隆中将；参谋长，栗原忠道少将）负责攻打香港，第 15 军（司令官，饭田祥三郎中将；参谋长，睐山春树少将）负责攻打泰国和缅甸，第 14 军（司令官，本间雅晴中将；参谋长，前田正实中将）负责攻打比岛。第 25 军（司令官，山下奉文；参谋长，铃木宗作中将），共计 11 个师团，加上第三飞行集团（司令官，营原道大中将）。

日军不但兵力雄厚，装备优良、训练有素，而且善于偷袭、夜袭，既有严格的作战计划，又能灵活机动。所以在很短的时间内，以很小的伤亡取得了很大的胜利。但是由旗舰“威尔士”号，战列舰“反击”号巡洋舰和三艘驱逐舰组成的英国的“Z”舰队，对日军运输兵员和补给的船只构成极大的威胁。为了消除隐患，善于赌博的山本五十六又出险招，当日本一艘伊 –65 潜艇发现英国舰队驶离印度支那后，于 10 日下午（日本时间 12 月 9 日），日军第 22 航空队受命派出 84 架轰炸机和鱼雷轰炸机突袭英东方舰队。不到两个小时，英“威尔士”旗舰和“反击”号巡洋舰被炸沉，舰上 1000 多名官兵以及英国皇家远东舰队司令汤姆 · 菲利普斯遇难。2000 名落水官兵被附近的驱逐舰救起。这样一来，英军在这一带便失去了制空、制海权，给日军提供了长驱直入的机会。仅用飞机就击沉两艘军舰，这在战史上也实属罕见。

12月8日日军动用8只运输船，将25军司令部人员第五师团的佗美支队送往马来半岛，在哥打巴鲁与印度军激战后强行登陆。

12月16日日军第二次从哥打巴鲁和欣克拉地区登陆，与第五师团一部、第六坦克队及第六师团渡河资材中队等，三天后与师团主力部队汇合。

12月8日登陆的日军第56联队，于9日凌晨6点30分攻占了英军飞机场，缴获了多架飞机和高射炮，俘获近100名俘虏。侵攻机场的日军佗美支队5600人中，仅320人战死。

被炸毁的英军飞机。

为攻击英国东方舰队，日军第22航空队出动了84架轰炸机和鱼雷机，此战日军仅仅损失了3架飞机。图为日军轰炸英舰队的飞机。

英军在阿罗鲁兹坦东北一带构筑了防线和碉堡，配备了两个旅团约5400人的兵力，仅仅1天就让只有581人的日军佐伯连队强行攻破。图为英军阵地。

12月23日日军占领了马来的太平，这里是锡的产地，从泰国南下的近卫师团和第五师团25日渡过霹雳河，收缴英军石油罐1万5千个。图为日军看守石油罐仓库。

被英军炸毁的霹雳河铁桥约300米长，日军铁路第五联队经过10天抢修便完工。图为第五师团长松井太久郎中将（带防暑帽者）与幕僚。

马来的槟榔屿面积 280 平方公里，从 12 月 11 日开始，日军以 145 架飞机进行了 3 天的空袭，英军决定撤退。图为一炮未发的英军要塞大炮。

英军撤退时破坏了槟榔屿上的发电所和飞机场，但是港内 24 艘汽船落入日军之手，被用在海上作战。图为槟榔屿上的日军汽车队。

图为日本居留民告密而被日军收押的英军和当地华侨的汽车。

12 月 28 日日军侵占了马来的怡保。图为被日军炸毁的怡保火车站。

为了打通泰国与马来亚的交通，日军将25军的铁道兵队改编为南方铁道部队，到1942年1月21日修复了吉隆坡的铁道。图为在怡保运送部队的列车。

从托罗拉库到斯里木大约30公里的途中有英军布置的阵地，1942年1月7日日军第五师团安腾部队以两个中队的坦克部队打头，经过17小时战斗，打败了英国两个旅团。图为日军缴获的英军车辆。

日军在攻破托罗拉库防线后，击毙英军300多名，俘虏1000多名。缴获坦克、装甲车84辆，野炮37门，高射炮6门，卡车600多台。

向交波鲁进攻的日军，因道路艰难，便把山炮分解开来扛着在河中行军。

日本坦克部队1月7日占领斯里木，仅死伤100人。图为收押的英军俘虏和战利品。

日军渡边支队在向英军飞机射击。

由于日军的猛烈突袭，英军决定放弃吉隆坡。1 月 11 日日军第 11 联队占领了该城。

日军设法越过被破坏的桥梁，为了在小路上迅速行动，日军又特地组成一支“银轮部队”（即自行车部队——编者注）。

1 月 14 日日军向田支队坦克第 1 联队、步兵 41 联队等与澳大利亚第 8 师团激战，日军战死 70 人，包括 3 名中队长。后来在 42 联队花轮大队的支援下，才免于覆灭。图为日军士兵在战友临时墓前献花。

日军沿铁道两侧向交波鲁水路进军，西海岸一侧是日军近卫师团，东海岸一侧为第 18 师团。图为 18 师团部队进军情况，该部队于 1 月 22 日在新奥拉登陆，29 日占领马来的居銮。

日军坦克队（坦克第14联队第三中队的6辆坦克）单军突进时全部被英军炮火歼灭，在伯库里英印军第45旅团单卡准将战死。

从库肯丹南下的日第18师团木庭支队，翻过悬崖，穿过了茂密的森林（死伤110多人），在第5师团佐伯支队的救援下，在梅尔辛奥与师团主力会合。

马来半岛的山脉多为南北走向，由于处于热带，天气高温多雨，山地长满了高大繁茂的森林，遮天蔽日。日军先头部队用刀砍出通道，后续部队才可前进。

马来半岛雨水多，河流多，英军在撤退时把桥梁都破坏了，日军只好一边修桥一边进军，进入马来半岛后，日军平均一天要修复 5 座大小桥梁。

1月31日，近卫师团和第5师团向兹要和鲁巴尔进军，预定2月11日开始进攻。图为日军士兵在供水车前等待饮水。

马来半岛战斗，印度军投降人员达2500多名。

在日军侵略马来半岛的作战中，日军出动了陆军第三飞行集团 612 架飞机，海军第 12 和 22 航空队 158 架飞机。

日陆军飞行员出航前听长官训话。

日本陆军第三飞行集团75和79战机队使用的99式双发动机轻轰炸机。

日军第三飞行集团青木五三战斗机队，被称为日本精锐机队，曾参加过诺门罕战斗。图为飞行员在给飞机做伪装。

侵占新加坡

1942 年 1 月，日军占领了马来亚之后，从 2 月 1 日开始，大举进攻新加坡。因为马来半岛的柔佛海湾，距新加坡不到二十英里，隔海便可炮轰英印澳马联军防御阵地。

2 月 8 日，日军两个师团与澳军三个营在柔佛湾展开激战。澳军抵不住日军凶猛的进攻，只好退守内陆阵地，到中午日军已增加到三个师团。而且日军编成“银轮部队”（即自行车部队）快速南下前进。英军以为日军会从东北方向登陆进攻，没想到日军主力会从西北海岸推进，击败了战斗力较弱的澳大利亚守军，使防守海峡的英军腹背受敌，抵抗了一天，只好撤退。

2 月 12 日日军占领了岛上的主要蓄水池，英军顽强抵抗，日军损失惨重。但是第二天日军占领了新加坡市，并进行了野蛮的大屠杀。2 月 15 日下午 6 点，英军驻新加坡司令官珀西瓦尔中将来到武吉知马的福特汽车制造厂，在山下奉文的威迫下，于 8 点 10 分签订了投降书。14 万盟军除 1.5 万名战死，12 万人当了日军的俘虏。日军占领了马来半岛和新加坡之后，进行疯狂的大搜捕和大屠杀，首当其冲的便是支援中国抗日的爱国华侨，大约有 4 万多人被杀害。

1942年2月11日，英国巡洋舰在驶往新加坡途中，在海峡被日机击沉。

日军航空部队和水上部队共击毁英国和澳大利亚大小舰艇40艘，商船40艘。图为2月17日被日军轰炸的英国大型商船。

新加坡的苏门答腊是石油产地和集存地，被日军轰炸后，冒起冲天黑烟，日军第 5 师团占领了典卡机场，正逢大雨，雨水都变成了黑色。

日军以 25 军的近卫第 5、第 18 师团为主，于 2 月 8 日对新加坡发起了总攻。在日军的猛攻之下，英军放弃了在泰国边境的防线。2 月 15 日英军投降，日军将新加坡改称为“昭南”，并屠杀了数万反日华侨，引起国际社会的责难。新加坡的要塞防御炮都是面向海外的，但日军登陆进攻是从背后东北方向开始的。图为在海岸设置的铁丝网。

攻打新加坡的日军配备各种坦克134辆，还有折叠汽船、铁甲船、小电动船，便于渡河作战；用坦克作为主攻，这是近代战争的特点。

为了顺利渡河，日军派来渡河作战专家，1942年2月初即开始渡河训练。2月9日以日军独立工兵第23联队为骨干，使用180艘船艇，将大量弹药武器渡过穆尔河运到岸上。

士古来河一带都是沼泽湿地，日军第 5 师团炮兵队不能使用汽车。160 门大炮全部由人力推拉，而且在新加坡战斗中，还缴获了英军 740 门炮。

计划 2 月 9 日渡河的日军近卫师团主力，由于新加坡柔佛巴鲁河陆桥附近石油库爆炸，河面满是燃烧的石油，渡河作战不得不延期。

2月8日日军第5、第18师团，在海岸的森林中与新加坡守军进行了白刃战，9日占领了典卡飞机场。日军死伤大半，可见战斗之激烈。图为小野田部队在搬运炮弹。

日军登陆以来进展迅速，但11日在武吉知马受阻，在距市街很近的小村，受到英军和澳大利亚军猛烈炮轰，英澳联军坚持到13日才撤退。

在武吉知马三岔路中心附近发生了激战，村庄的建筑也受到极大破坏，双方的尸体也顾不上收容，华侨义勇军进行了顽强激烈的抵抗。

日军近卫师团的赤木部队于7日攻占了敏岛。

激战了 4 天后日军占领了新加坡。

日军进入新加坡市街。

新加坡市街攻防战激战了 4 天，2 月 15 日英军投降。此战日军战死 938 人，俘虏英军近 10 万人。图为日军车队在中央邮电局前行进。

在凶猛的日军攻击下，新加坡英守军相继打出白旗投降。图为日军在向英军俘虏做询问调查。

日军在新加坡俘虏了英军近 10 万人，其中印度兵 4.5 万人，英国和澳大利亚的俘虏都被关入监狱。

英军投降的原因之一，是日军切断了全城的水源。图为两军首脑在新加坡福特汽车工厂谈判前的情景。

2月15日下午两点英军投降后，6点多英军帕西巴鲁尔司令官等人步入谈判会场。

在谈判中，日军山下奉文司令官咄咄逼人地问英军帕西巴鲁尔司令官：马上就要展开夜袭了，关于投降之事，你只能回答两个字“是”或者“不是”。帕西巴鲁尔只好回答：“是”。这是英军有史以来最大的失败和耻辱。

日军攻击印度洋英军基地

日军在偷袭珍珠港成功之后，于1942年4月5日、9日对英军在印度洋的塞依伦岛军事基地进行攻击。此举是为了打通从海上支援在缅甸作战的陆军，此次攻击击沉了英军大型巡洋舰和航空母舰，给了英国首相丘吉尔很大的震动。日舰队由“赤城”“飞龙”“苍龙”“瑞鹤”四艘航母组成，总指挥南云忠一中将。

英国舰队舰上搭载机数量并不少，不知是训练不严还是其他原因，飞机未起到保护航母的作用。图为被日军攻击机轰炸后起火的英国舰——“多争特加”号（9975吨），中弹31枚，13分钟后沉没。

另一艘英军巡洋舰受到日军攻击，被15枚炸弹击中，18分钟便沉没，1112人被救，422人战死。

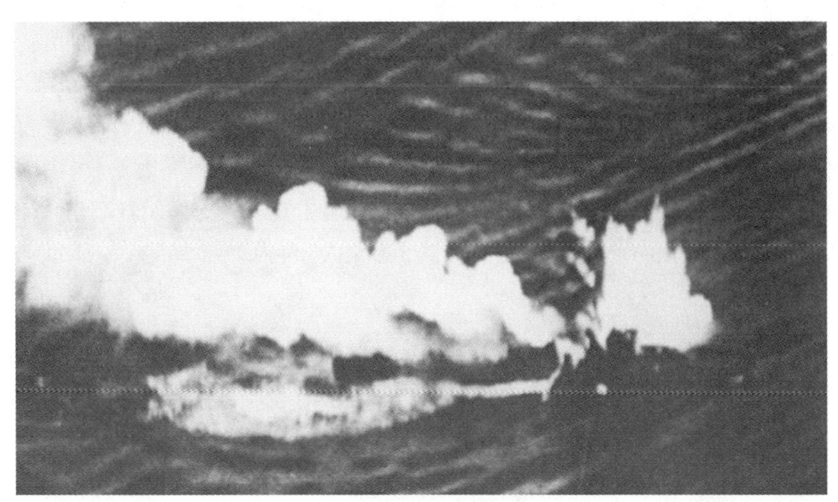

4月9日上午，日军机队在轰炸塞依伦岛，返航途中发现了从岛东侧南行的英军“哈密兹”号航空母舰和3艘驱逐舰。下午1点30分日军攻击队在高桥赫一少佐指挥下向英军舰队发起猛攻，出动了舰载轰炸机85架，零式战斗机6架，命中率达82%。1点55分英军航母“哈密兹”号沉没，随后1艘驱逐舰、1艘警视舰、两艘运输船相继被击沉。舰上人员多数死亡，总共只有600人被救。

日军侵占缅甸——企图切断援中之路

日本大本营出于东南亚总体战略上的需要，决定占领缅甸。一来可以作为侵占南亚的一个基地，同时可以切断美英一些国家支援中国物资的通道——滇缅公路。由日军第15军第55师团、第33师团担任主攻任务，侵占兰贡（今仰光）后，日军又增派了第56师团和第18师团，还增添了坦克和重炮联队，当时在缅甸的英军是4万人，另外还有印度军以及中国远征军。曼德勒会战后，日军侵占了大部分的缅甸领土。但是，中国远征军和英军、印军正在积极准备着反攻。中国远征军给予日军以致命的打击，特别是举世闻名的仁安羌大捷，使日军伤亡4500多人。英军伤亡1.3万，中国远征军伤亡5万余人。

日军第3飞行集团于1941年12月6日之前，已完成在越南、泰国各基地的调整，做好了进击缅甸、马来西亚的准备。12月23日第7、第10飞行团的战斗轰炸机122架，对仰光进行了首次轰炸。图为日军在泰国基地的重型轰炸机，即将起飞去轰炸仰光。

日军进攻缅甸的先锋是55师团冲支队，1942年1月4日夜突破泰国国境。图为从曼谷开来的部队，正向缅边境土瓦、毛淡棉等地发动进攻。

图为1942年1月12日进攻缅甸的冲支队无线通讯小队，在森林中工作。

在炎热潮湿、川多林密的泰缅边境中，日军冲支队只有靠牛车马驮来运输装备和弹药。

日军虽然强征住民的牛，可是枪一响牛被惊跑了，他们便征集大象来承担运输任务。

1月19日日军冲支队攻破1000多人英军印军的防线，进入土瓦。

日军冲支队，利用竹筏子渡河。

图为日军在土瓦缴获的英军大炮和印度军俘虏。

日军宇野支队1941年12月14日占领英军土瓦空军基地。图为基地上英军飞机残骸。

在土瓦橡胶林中的石油筒。这里是英军到马来半岛的中转基地，大量石油被日军缴获。

日军侵占缅甸后，特务机关“南机关”对当地居民进行宣传和拉拢工作，组织“独立义勇军”。图为“南机关”特务向民众散发传单。

“南机关”即南方谋略机关，直属日本大本营领导。1942 年 5 月日军侵占缅甸后，成立了以巴莫为首的傀儡政府，组建了以昂山为首的缅甸“独立义勇军”。由于“南机关”的宣传煽动，从起初的 200 人，很快扩充到近 5000 人，而且帮助日军对英军和中国远征军作战。

日军第15军独立工兵联队，在缅甸与泰国边境架桥修公路。

1月30日日军骑兵第55联队，乘着夜色突入毛淡棉，31日英军撤退。日军完全占领了毛淡棉，英军渡过了沙鲁乌因河，在对岸的玛鲁达班地区阻止日军渡河。图为向英军攻击的山本大队。

2月2日突破缅甸国境的日军第33团主力步兵214联队，与攻击巴单的原田先遣队会合，开始进攻锡单。图为在锡单河畔的日军机枪阵地。

锡当与蒙巴林之间的铁桥，是通往仰光的唯一的交通要道，英军第二缅甸旅进行了死守。但是在日军强大火力猛攻下，23日英军将桥炸毁后撤退。图为日军步哨在胸前挂着战友的骨灰盒执勤。

日军第15军的第33、第55师团于3月3日度过了锡当河。于3月7日占领了勃固。图为日军渡过锡当河向仰光进军。

日军第33师团3月3日渡过锡当河，先头部队于3月8日一早侵入仰光。英军一看大势已去，撤出仰光，9日日军占领仰光。

缅甸的勃固车站，是英美援助中国的重要据点，日军3月7日占领了勃固，切断了援中通道。

日军33师团经过三天三夜连续进攻，于4月17日占领了仁安羌油田。这是缅甸最大的油田。

在油田地带进行警戒的日军分队。

为了便于在高热多湿的密林和山丘行军，日军第15军各部都配备了马匹运输队。图为55师团第53联队松井利生大队掷弹筒分队在丛林中休息。

日军征用缅甸双牛车在山地运输装备。

日军缴获的英军飞机和大卡车。

侵缅日军还配备了防疫给水部队，用净化器可以将河水消毒净化，供给士兵饮用。（在70多年前便有了净化器，可以看出日军的装备多先进）

日军的木工部队在15军有两个中队，大部分是日本兵库县人。参军前是建筑工匠。

攻下勃固的日军 55 师团，3 月 26 日开始对东吁进攻。但是遇到中国远征军 200 师 3000 人的顽强抵抗。图为在东吁附近进攻的日军。

3 月 28 日，日军 55 师团几次向垒固的中国远征军发动猛攻，都被中国远征军击退，直到 30 日才攻下垒固。图为被战火破坏的垒固市街。

日军4月29日占领了蜡戌。图为向蜡戌进军的日军55师团的坦克车队。

蜡戌是滇缅通路的要塞，英美援助中国的物资就是从蜡戌车站，改用大卡车经滇缅公路运往中国的云南省。图为遭战火破坏的蜡戌车站。

日军第5军的第18师团和55师团一齐向曼德勒攻击，图为野战重炮第3联队和18联队一起用重炮轰击。

日军各部向湄公河河畔集结，第18师团主力5月1日开始渡河。

曼德勒是缅甸的古都，也是英美援助中国通路的重要据点。图为曼德勒车站散乱的轮胎，这是运往中国物资的一部分。

日军占领曼德勒，在街道上搜查中国远征军（中英军已经撤退）。

被炸毁的湄公河铁桥，5 月 30 日被日军铁道第 5 联队修复，通车。

5 月 19 日日军参谋部宣告，缅甸战役结束。图为日军骑着大象在怒江一带国境线巡逻。

日美两军首战菲律宾

日军偷袭珍珠港成功之后，气焰嚣张，以迅雷之势占领了香港、新加坡、马来亚、缅甸、所罗门群岛以及东印度群岛之后，图谋占领菲律宾，占领了菲律宾即可向西向南进展，可以切断美国与澳大利亚的联系。

当驻菲美军司令麦克阿瑟得知珍珠港被袭的消息后，自然想到日军下一个目标便是菲律宾。当时美国在菲律宾有1个中队的B-17轰炸机。驻菲美军空军司令布里尔顿将军想立即派飞机去轰炸日军在台湾的空军基地，可是4个小时之后，才得到上级批准。正当美军的飞机起飞之时，日军的108架轰炸机、84架零式战斗机，于12点33分空袭了美军伊拜机场。两分钟之后又袭击了卡拉克机场，美军飞机几乎全部被毁，日军掌握了该地区的制空权。几乎与此同时日本海军轻易占领了关岛与威克岛。

驻菲美军是麦克阿瑟手下的第一军和第二军。日军在吕宋岛北部登陆时，美军已无飞机可支援。于是决定在马尼拉湾北部的巴坦半岛山地和密林中进行防御，高耸的山峰将巴坦半岛一分为二，温赖特的第一军负责守卫左侧，帕克的第二军守备右侧。美军的后援补给十分困难，特别是随着美军撤退的两万难民，更是增加了美军粮食供给的不足。日美双方进行了激烈的攻守战。战役持续到1942年3月11日，美国总统罗斯福只好下令，让麦克阿瑟放弃菲律宾，将指挥权交给温赖特，退到澳大利亚，指挥南太平洋的盟国部队。麦克阿瑟临走时留下一句话："我一定会回来！"

美军在温赖特将军的率领下与日军进行了顽强的激战，但是终因供给不足，双方力量对比悬殊，在日军切断水源后，除一部分人逃到科雷希多岛外，8万名美菲军人在巴丹投降，后被押往奥辛集中营，受尽了日军残酷的虐待。逃到科雷希多岛的温赖特将军，带领一部分军人进行了顽强的抵抗，终因供应不济，弹尽粮绝，也于5月6日带队投降，这次战败是美军的最大耻辱。

在偷袭珍珠港和香港的同一天，1941年12月8日，日军进攻菲律宾，先以压倒的优势进行空袭，轰炸吕宋岛。为此，派出第五飞行集团轻重轰炸机，海军第十一航空舰队战斗轰炸机共198架，这两批飞机都是从台湾基地起飞的。图为第一波日军零式战斗机空军出发前，在台湾高雄基地，接受长官命令。

日军本来预定天亮之前起飞，由于12月8日台湾大雾，推迟了起飞时间，陆军机队于6点20分起飞，海军飞行队9点15分起飞。图为在高雄基地等待起飞的日航空队飞机。

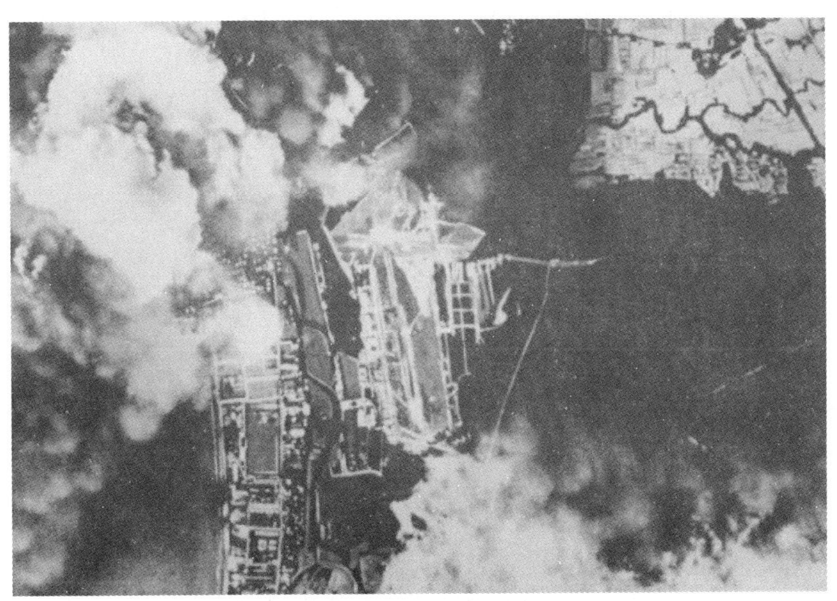

日军轰炸克拉克英军基地。

从台湾起飞的B-17型战机，P-40型53架战斗机在第一次袭击中与美军战机拼搏，日军仅被击落7架，而美军大半飞机被毁。图为日军轰炸马尼拉港。

12 月 18 日从台湾的基隆、马公、高雄出发的日军船队，一共 85 艘，其中有海军运输船 9 艘。由海军第三舰队主力担任保护、运送第 48 师团主力到林加延湾。

在“帝海丸”船上的第 14 军司令官——本间雅晴中将。同行的还有 24 只运输船，载有 7000 名官兵，是为了支援 48 师团从拉莫湾登陆。

向林加延进军的日军4万多人，全靠船运，因此非常拥挤，平均3.3平米内有7个人。图为出发前的情景。

日军采取人海战术，将汽车从海边往岸上拉。

图为登陆的日军岛上支队，在12月22日占领了帕乌空后继续向前推进。

12月24日日军第16师团的坦克车队向马尼拉推进。

日军登陆后，第一天就突破了美军在吕宋岛的平原防线，与向罗莎里奥攻击的左右翼部队会合后，23日占领了吕宋岛一部分。图为在吕宋中部进军的战车和炮兵队。

美国和菲律宾军队放弃了在吕宋岛中部的会战，后退时破坏了马尼拉近郊区的大铁桥。图为日军第48师团的自行车部队，扛着自行车过桥的情景。

1942年在马尼拉市发表了非武装宣言后，48师团停止了进击。但市内治安恶化，放火不断，由台湾步兵第1联队和47联队的三个大队担任了市内巡逻任务，右侧冒烟的地方是马尼拉港口。

日军16师团的先锋队于1月2日傍晚占领了马尼拉南部地区。图为进军中的轻型坦克队。

1941年12月27日马尼拉发表非武装宣言，美军和菲律宾军想避开在马尼拉决战，而计划在巴丹打持久战。可是，日军还是按既定目标在马尼拉决战，同一天日军发出进攻命令。图为步兵47联队从马尼拉北部10公里处向马尼拉进军。

日空军部队从北部向吕宋岛中部各基地进击，从空中支援地面部队。图为日空军向巴丹岛飞行的97式轻型轰炸机。

日美在菲律宾开战时，美国和菲律宾军队，拥有轰炸机B-17，B-35共计74架、战斗机P-40、P-107等175架。开战5天后大部分被日军炸毁。图为被炸毁的美军飞机。

卡比特军港，是美国海军在菲律宾最大的海军基地。开战前有航母4艘，驱逐舰14艘，潜水艇30艘，都遭到日军重创。图为日军正在打捞被炸沉的美军潜艇。

日军第65旅团(以坦克第7联队、野战重炮第1联队、山炮48联队为主力)1月10日向萨玛尔河一线进击时，受到隐藏在密林中美军的伏击，死伤惨重。

进攻受阻的日军，于15日又增派了木村支队(以步兵第20和122联队为主)，但是很难探明隐藏在森林中的美军阵地。图为日军侦察队向上级报告情况。

美军利用丛林和纵深阵地给予日军较重的打击，图为美军将领麦克阿瑟亲临科雷希多前线鼓舞士气。

由于日军动用300门炮轰击，加上第22飞行团100架飞机助战，美菲军第一线阵地被压制。日军第65旅团3日下午3点，开始向前推进。图为日军在战斗间隙进行野炊。

1942年1月3日日军各队从班青干河，进攻到塔利沙伊河。未及休息，又接到本间司令官继续进击的命令。图为日工兵第4联队正在抢修桥梁。

日军第 4 师团防疫给水部队挂在树枝上的传单:“传染病要比子弹凶猛千倍，一旦传染上，死百万人也是平常事儿”。

1942 年 1 月 5 日日军第 4 师团步兵 37 联队占领了萨玛希多山顶，英军从卡波当台方面猛烈炮击，日军死伤不少。图为日军向卡波当台进攻。

日军士兵在密林树干上刻上路标，防止后续部队迷路，在巴坦作战时有230人在密林中失踪，其中包括5名军官。

日军小浦部队1月6日傍晚占领了卡波当高地，第4师下属坦克第7联队长园田大佐被击毙。图为第7坦克联队。

在考莱彼特鲁要塞内的盟军总司令麦克阿瑟和参谋长沙扎兰特 3 月 17 日撤到澳大利亚。

盟军吕宋司令官金少将向日军永野支队投降。

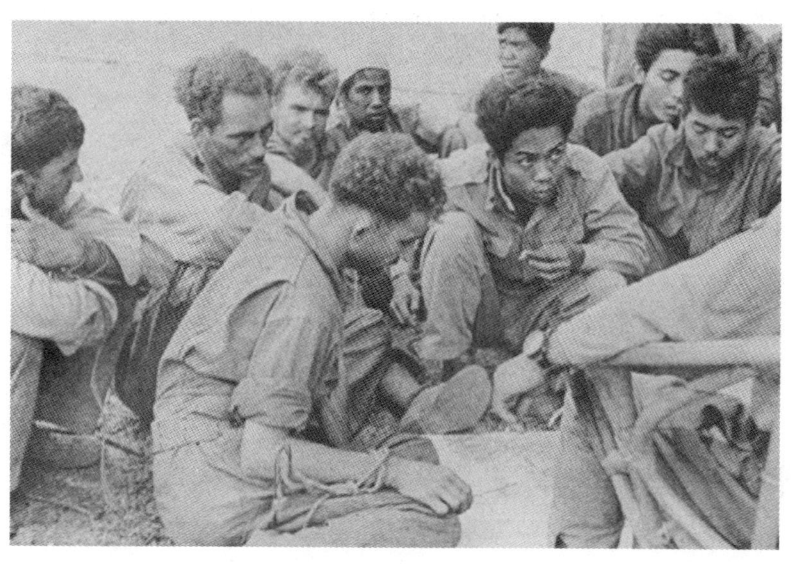

菲律宾战役，美菲军被俘75000人，难民3万多人。图为日军正在审问美菲军俘虏。

4 月 10 日被俘虏的美军在巴丹街道上行进，向战俘营走去。

日军押送美军俘虏赶路，在路上很少给食物和饮水，并且随意杀害俘虏。

美军俘虏在饥饿多病的强行军中一个接一个倒下，病死饿死无数，最可恨的是日军押送部队随意枪杀或用刺刀刺杀俘虏。图为惨死的美军尸体。

被反绑着双臂的美军俘虏，遭遇日军随意的杀害。据战后马尼拉军事裁判厅起诉书称，有1200多美国人和其他国家俘虏1.6万俘虏被害，史称“巴丹死亡之路”。

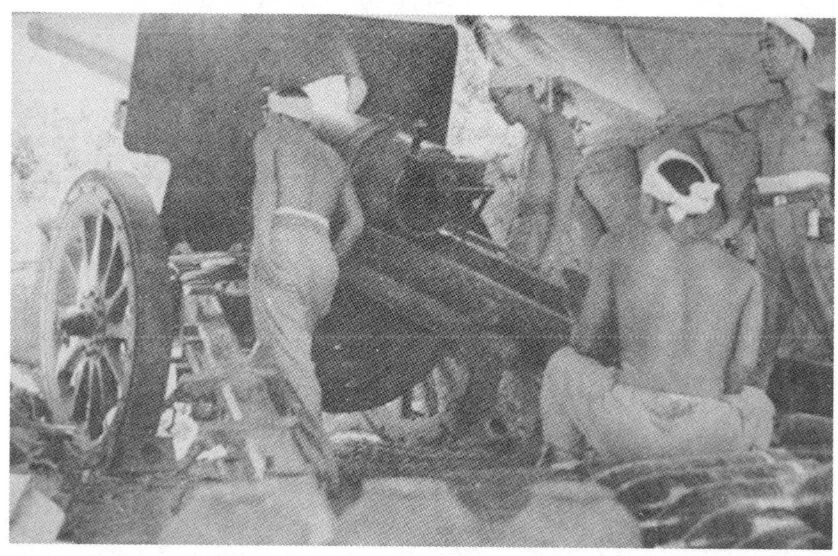

5月5日日军对科雷吉多尔开始猛烈炮击，炮兵是由独立工兵33联队的100艘船运送到该岛的，经过近两天血战，将那里的医院、兵营等所有建筑夷为平地。图为日军炮兵赤膊炮击美军要塞。

进攻科雷吉多尔岛的日军左翼部队，计划从飞机场北侧进攻，可是受到美军1000多士兵的阻击，日军死伤900多人，这是太平洋战争开战初期，日军遇到的巨大挫折。

在激战中日军右翼坦克第7联队向美军阵地进攻。

科雷吉多尔的争夺战以及第二次对巴坦岛的进攻，日军死伤惨重。图为日军士兵胸前挎着战友的骨灰，进入科雷吉多尔。

6 月 7 日日军占领科雷吉多尔后，将俘虏集中在玛琳塔高地准备送往监狱。

日军动用了130门大炮，连续三个星期炮击科雷吉多尔岛上的美菲守军，仅5月4日一天，在日军发起进攻之前，就发射了16000发炮弹。守军在缺少食粮、弹药和饮水的状况，只好向日军投降。图为美军远东司令官温赖特将军（左第二人）与日军本间司令官（右第三人）协商投降事宜。

在巴坦岛作战中为了封锁马尼拉湾，日军决定对民都洛岛进行攻击，以吕宋警备部队33联队一个大队和新编成的铃木支队为主要攻击部队。图为在攻击前为支援陆军而出动97式轻型轰炸机进行空袭。

2月27日日军铃木部队，几乎未遇到像样的抵抗便占领了民都洛岛。

日军占领了民都洛岛上的美军机场。

4月10日日本陆军进攻宿务时，海军轻巡洋舰“球磨”号以及两艘驱逐舰、特设炮舰、水雷艇等都赶来支援。

日军主力在宿务西海岸登陆，没有遇到很大的抵抗，在日军炮击下，市内燃起大火。

日军主力阿倍部部队占领了宿务市，市中心的商业街被炮火炸得面目全非。

美菲联军从宿务市退到市北方130公里的山地，4月15日日军开始进攻美菲在山地的守军。图为乘运输船在苏俄港登陆的日军阿倍部队冲破路障进攻的情景。

4 月 16 日—17 日日军阿倍第 32 特别陆战队，进攻美菲军的山地要塞。

5 月 4 日，日军陆战队打着“八幡大菩萨”的大幡在班乃岛进攻。

日军陆战队占领了菲律宾的科雷吉多尔岛后盘查居民行人。日军在占领菲律宾期间杀害了数万无辜的人民。

1942年5月18日日海军陆战队登陆吕宋岛西南的巴拉望岛，在岛上的椰子林扫荡美军。

1942年10月日海军战斗队在拉巴库岛登陆，目的是扫荡十分活跃的菲律宾游击队。

进攻威克岛

威克岛位于太平洋中间，是美军在太平洋的重要基地，在日军偷袭珍珠港之后，日军开始对威克岛进攻。1941 年 12 月 8 日，日本空军从马绍尔群岛的基地起飞反复轰炸威克岛。12 月 10 日天刚破晓，日本海军陆战队、舰队、航空部队、潜水艇队配合起来发动进攻。以堀井宫太郎少将率领的南海支队和第 5 根据地队为主力，对威克岛附近的古阿木岛进行大轰炸后，开始从三方面进攻。可是第 6 水雷战队攻击威克岛时，却受到美军的顽强抵抗。12 月 8—11 日日军第一次攻击，受到美军的有力反击，日军大败，日军的驱逐舰“疾风”号、“如月”号被击沉，许多舰艇被击伤，这是开战以来日本海军首次败北。

日军于 12 月 21 日组织了第二次攻击，调遣了偷袭珍珠港后正在返航中的南云机动部队和进攻关岛的部队前来支援。12 月 22 日半夜发起进攻。美军仍进行了顽强的抵抗，日巡洋舰被炮火击中，搁浅在海滩上。经过两个小时激战，凌晨 3 点，日军夺取海岸一角的美军阵地。天亮后，日航空母舰“苍龙”号和“飞龙”号上起飞的舰载机飞临威克岛上空连续轰炸，地面上双方肉搏苦战了 6 个多小时，直至下午，美军守岛司令官温菲尔德·斯科特·汉密尔顿海军中校和戴佛劳斯少校不得已投降并宣告停火，威克岛陆海空战结束，日军终于占领了威克岛。

1941年12月8日—10日由松田秀雄少佐的千岁航空队34架轰炸机，连续三次对威克岛上的美军机场、发电所进行轰炸。图为被炸坏的美军飞机残骸。

日军攻占威克岛后，470名美军官兵被俘，日军还俘虏了建设基地的1146人。图为被俘人员。

在500美军守备队的大炮猛轰下，日军两艘驱逐舰被击沉，两艘驱逐舰和1艘运输船被击坏，日军战死375人，终于占领了威克岛。

日军占领了威克岛后，将岛名改为“大鸟岛”，因此岛地位重要，除第6根据地队担任守备任务外，又从上海特别陆战队调来一个大队，重新改编为第65警备队。图为新任警备司令川崎进大佐在队前训话。

图为日军缴获的美军150厘米大探照灯。威克岛一战，美军战死122人，日军战死375人。

日军侵占拉包尔

拉包尔岛位于新不列颠岛东面，日本海军基地特鲁克岛的南方，属于澳大利亚领地。拉包尔有东亚两个飞机场。拉包尔湾水深，适于舰船自由出入，是美澳军的战略要地。

1942 年 1 月 23 日，日军船团进入新不列颠岛和爱尔兰岛的中间水域，澳军以为日军的进攻目标，不可能是科可波，因此将拉包尔部分兵力调走，但是这种误判带来很糟糕的结果。日军满载部队的船团，于夜里悄悄靠近海岸，澳军的侦察机竟然没发现大批的日军船团，日军轻易地占领了拉包尔市街和东机场，西机场虽有抵抗，但也很快失守。

2 月 6 日，斐济总督带领 1 千余人投降日军。

太平洋战争开始后，日军横扫东南亚，战线甚至超越了赤道，为保证对澳大利亚进攻顺利，日军制定了 R 作战计划，必须夺取巴布亚新几内亚、俾斯麦群岛以及所罗门群岛。图为“舞鹤”第 2 特别陆战队进行登岛训练。

日军进攻卡维恩岛，岛上的海关和椰子仓库受到炮火轰炸燃起了大火，连海面也照得通明，日军迅速占领了机场。

1942 年 1 月 23 日，日军占领了卡维恩市，25—26 日又对卡维恩市附近的小岛进行了扫荡。图为日军进入卡维恩市。

守卫卡维恩的澳大利亚军200多人向南方逃去，剩余的都成为日军俘虏。图为被反绑着双臂的澳大利亚士兵受到日军审问。此照片当年不许可发表。

日空军1942年1月4日开始轰炸拉包尔，第二波轰炸从16日开始，到了20日，偷袭珍珠港后归来的南云舰队的109架飞机参加空袭。图为“瑞鹤”航母上的零式21型战斗机。

日军的多种飞机对拉包尔的飞机场、防守炮台进行大轰炸，击落美军飞机5架，击坏一艘挪威的大船。图为被轰炸后拉包尔市街冒起的浓烟。

1月23日守卫拉包尔的1500名澳大利亚军撤离，日军南海支队步兵144联队于27日占领了拉包尔全岛。

日军在拉包尔登陆前，对岛上西飞机场进行轰炸。

1月25日，日军结束了在拉包尔北部的扫荡,27日清晨开始对中部南部扫荡。由于岛上多森林和湿地，不能使用汽车，便由驱逐舰来支援登陆部队。

日军为了建设机场，修复道路，建筑营房，特增设有“设营班”编制。图为第 7 设营班（1300 多人，指挥官为德永军次技师）在椰子林中建设指挥所。

日军强迫当地居民修复通往西飞机场的道路。

拉包尔西机场公路开通仪式，新编第 8 根据地队司令官金泽正夫少将亲临现场视察。

日军为了确保巴布亚新几内亚东部以及澳大利亚北部的制空权，继对拉包尔空袭后，从 2 月 24 日开始对莫尔兹比港进行大轰炸。图为日军搬运 800 公斤炸弹的情景。

日军攻击莫尔兹比港的飞机，都是从拉包尔西机场起飞。由于缺少战斗机护航，多数在夜间起飞进行轰炸。

日军为增强制空权，1 月 25 日横滨航空队 8 架 97 式飞行艇被调到拉包尔，第二天就飞往所罗门群岛和新几内亚诸岛进行侦察。

到 4 月又从横滨航空队调来 12 架 97 式飞行艇。这种飞行艇既安全又可长时间飞行，除了可完成侦察任务，还装备两枚鱼雷进行攻击。

进攻苏门答腊

疯狂的日军于1941年12月23日攻占了萨拉瓦克首府古晋。1942年1月11日，日本向荷兰宣战的第二天，日军首次动用伞兵部队在苏拉威西岛的万鸦老降落后，轻易占领了此地。

1月26日至28日，在苏门答腊海域一场激烈的海战开始。日本4艘运兵船团被美舰击沉，但其他船团运输的日本陆军，在巴里巴板强行登陆，27日占领机场。

2月10日日军很快占领了乌戎潘当和婆罗洲岛。2月14日午前，日本陆海军飞机三百多架猛烈轰击巴邻旁机场之后，日军空降部队与荷兰军激烈交战，到了晚上9点多，机场被占领，很快炼油厂也被占领。

2月24日在瓜哇海域，日军陆攻机击伤美荷联合舰队的3艘巡洋舰，2月26日至28日，在爪哇岛之西的巴达维亚海湾，日海军与美英荷澳四国联合舰队进行大规模海战，共击沉美英巡洋舰3艘。同日清晨8.5万日本陆军在爪哇岛中部、东部、西部登陆，对班顿要塞猛烈进攻，3月5日占领了雅加达。3月9日下午，驻守班顿要塞的9.3万名荷军和5千多美英澳军队向日军投降。

日军进攻苏门答腊岛，于1942年2月14日开始，日军调遣第一联队南进，途中因事故运输船沉没，又从内地急派第二挺进联队。图为在巴邻旁出击前的日军。

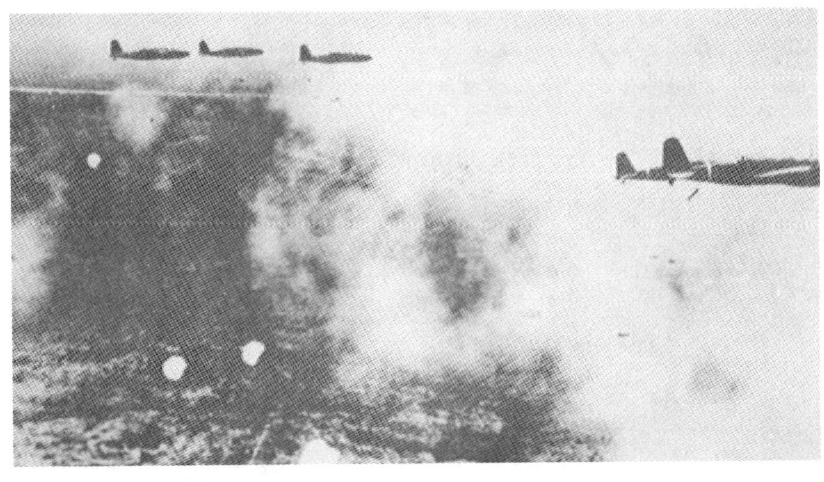

由61架重型轰炸机和运输机组成的挺进团，从马来半岛的占碑邦加飞机基地起飞，对巴邻邦进行猛烈轰炸。

对巴邻邦轰炸后，日军立即空降小股部队。每个空降的日军小队配备2个火焰喷射器。

日军空降挺进队的主要目标是，占领飞机场和炼油厂。图为2月15日第二挺进队在机场空降后的情景。

图为日军占领机场后，在英军飞机残骸上欢呼。

日军在苏门答腊南部进攻的目标是占领机场和油田。巴邻旁有东西两个炼油厂，联军在撤退时将东油厂破坏，西油厂丝毫未损地被日军占领。图为木西河畔起火的炼油厂。

被日军炸毁的荷兰运输船，搁浅在木西河上。

日军第 38 师团的采油班，在占领苏门答腊西炼油厂后进行修复和整理工作。

图为日军富泽大队士兵冲入起火的炼油厂。日军第38师团主力，于2月16日开始进攻，连续攻占了巴邻旁、楠榴港、明古鲁等油田。到了3月4日战斗结束，日军达到了抢占印尼油田的目的。

印尼巴邻旁油田是印尼最重要的油田，年产量300万吨，日军早已垂涎三尺。图为日军警卫守卫油田。

图为巴邻旁西油田，联合军撤退时只炸毁了 4 个储油罐，2 月 19 日—22 日联合军的飞机进行空袭，又炸毁了 30 个储油罐。

苏门答腊南部战斗结束后，日军为了向北部和中部推进，3 月 8 日又从马来亚调来了 25 军近卫师团。图为在棉兰郊外集结的近卫师团部队。

3月13日日军第38师团部队占领棉兰的情景。

日军近卫师团在棉兰举行追悼会。

3月17日日军第38师团主力侵入巴东，英军800多人，荷兰、印尼军900多人被俘。极度疲倦的日军自行车队在树下休息。

日军抢救被美军击伤的飞行员。

侵攻爪哇

爪哇是印度尼西亚的旧称，是世界上最大的群岛国家，由大小17509个岛屿组成，石油天然气资源非常丰富。日本为了扩大侵略战争，石油是必不可少的资源。因此，日军早在太平洋战争爆发之前，就已制定好侵占爪哇的计划。日本在侵攻马来半岛和菲律宾之后，利用优势的航空战斗力，抢先占领了爪哇外围岛屿。

1941年12月16日，日军攻占了重要的石油产地米里。

12月28日，日军占领了萨拉瓦克首府古晋。

1942年1月11日日本向荷兰宣战，占领了石油城塔拉坎。

1月12日日军首次动用海军伞兵部队，迅速占领了万鸦老。

1月26日—28日，日军与反法西斯盟军在苏门答腊展开激烈的海战，日军4艘运输船被击沉，剩余船团运输的日军在巴里巴板登陆。29日又占领了坤甸要地。

2月9日，日军占领了乌戎潘当。次日占领了婆罗洲全岛。日本海军与美英澳联军展开了第一次大规模海战，盟军损失惨重。3月1日登陆的8.5万名日军，对有10万守军的班顿要塞进攻，3月6日占领了雅加达。3月8日日军又占领了泗水军港，9日攻下了万隆。3月8日荷兰总督决定投降，荷兰统治印尼的历史至此结束。

日军运输船“龙城丸”号被击沉，士兵在海边搬运武器和装备。

英美联合军撤退时，破坏了桥梁道路。图为日军在搭建简易桥。

3月3日侵入赛郎附近的日军坦克车队。

3月4日日军佐藤支队从巴塘湾登陆，3月5日盟军撤退，日军没遇到像样的抵抗，就占领了雅加达市。

日军坂口支队和48师团在克拉甘登陆作战时，两艘运输船被击沉搁浅，日军正在抢占滩头。

3月4日日军坂口支队侵入苏拉卡尔塔，俘虏了荷兰和印尼军700多人。图为起火的炼油厂。

日军48师团坦克车侵入巴巴托，后面是野战重炮第17联队的15毫米榴弹炮中队。

守卫爪哇岛的荷兰、印尼军一共8万人，在多路日军猛烈的攻击下，3月7日班硕守备军司令官培斯曼少将请求投降。图为荷兰军向日军递交投降请求书。次日上午，班硕广播电台播放爪哇荷兰军司令官泰鲁布登中将向全军下达的停战令。接着荷兰总督决定投降，9日9300名荷兰军和5000英美澳联军放下武器。

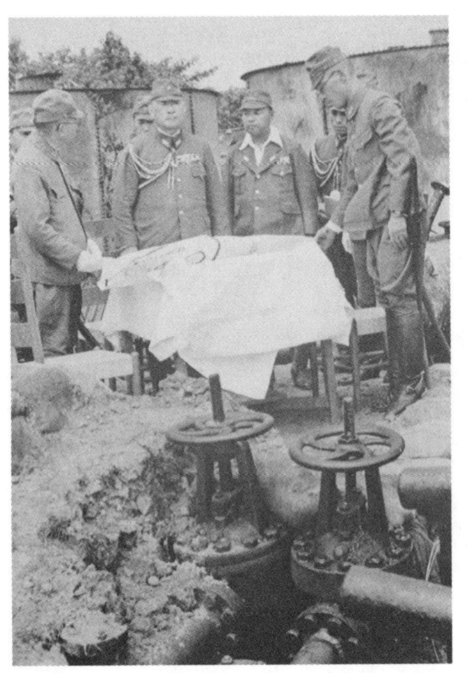

日军占领了印尼各岛，达到了夺取印尼油田的目的。图为3月28日陆军参谋总长杉山元视察苏拉巴亚油田。

为阻止日军在爪哇岛登陆，以荷兰舰队为首，加上美国亚洲舰队、英国东方舰队，一共凑集了三十多艘舰（包括两艘重巡洋舰）来对付日军联合舰队的机动部队和第四舰队，在爪哇岛海域展开了开战以来规模最大海战。双方于1942年2月至3月1日在巴厘岛海湾、苏拉巴亚、巴达维亚海域展开血战。联合军舰队多半被击沉，一部分撤往澳大利亚。

在巴厘岛西方，美国航空母舰被击沉，4艘美军驱逐舰撤往澳大利亚。图为3月1日被击后即将沉没的英军重巡洋舰。

被击中的美国驱逐舰。

在爪哇岛上的联合军投降后，日南方军命令16军尽快占领爪哇周边的小岛。1942年3月3日，日军对圣诞岛攻击，称为X作战。5月10日对巴厘岛东西弧形各小岛进攻，定名为S作战。由于联合军抵抗不力，日军很快占领了各岛，位于爪哇岛南方200海里的圣诞岛是磷矿石的重要产地，也是通往印度洋的重要枢纽，3月31日日本海军攻占了圣诞岛。

1942年5月8日，日军横须贺第1特别陆战队从苏拉巴亚出发，占领了椰子林茂密的龙目岛。

5 月 11 日，日军占领了松巴洼岛。

5 月 13 日，日军陆战队占领了佛洛勒斯岛。占领爪哇周围诸岛后，日军在松巴洼岛驻军 141 人，龙目岛驻军 298 人，佛洛勒斯岛驻军 131 人。图为进驻佛罗勒斯岛的日军。

3月31日，日军占领了塞兰岛上的布朗油田。

日军在南洋作战的目的已经达到，印尼的许多油田都已被占领，保证了日军作战汽油的供应。图为日军占领下的苏门答腊岛的巴邻旁BPM油所。

日军南方军工兵第 4 联队在抢修通往莱托飞机场的桥梁。

1942 年 1 月 11 日夜零时，日军坂口支队与吴第二特别陆战队在加里曼丹岛的拉打根登陆，1400 名荷兰印尼守军抵抗两天，13 日投降，被俘 871 人，日军战死 178 人。

被炸毁的拉打根炼油厂设施。

进攻巴拉巴克岛的日军，于1月23—24日受到荷兰印尼联军的抵抗，联军在海上击沉日军4艘舰船。25日一早，日军占领了该市。

日军334名空降兵于1942年1月11日在万鸦老近郊空降。

珊瑚海海战

珊瑚海海战（1942 年 5 月 4 日—1942 年 5 月 8 日）是太平洋战争中美日航空母舰编队在珊瑚海进行的海战。珊瑚海海战是战争史上航空母舰编队在远距离以舰载机首次实施的交战，也是日本海军在太平洋第一次受挫。

1942 年春，日军占领东南亚广大地区后，决定向南太平洋推进，夺取新几内亚岛的莫尔兹比港和所罗门群岛的图拉吉岛，以掌握该地区的制海权和制空权，切断美国通往澳大利亚的海上交通线。

5 月 3 日，日军占领图拉吉岛。次日上午，美“约克城”号航空母舰舰载机袭击图拉吉岛外海的日本舰队，击沉驱逐舰 1 艘和小型舰艇数艘。7 日，日本“祥鹤”号和“瑞鹤”号航空母舰舰载机击沉美国油船和驱逐舰各 1 艘。同时美国舰载机攻击日军登陆船队和护航编队，击沉“翔凤”号航母。7 日晚，日本派出可以夜航的飞行员驾驶 27 架鱼雷机和俯冲轰炸机轰炸美航母，后因迷失航向造成 15 架飞机损失，8 架飞机被 F–3“野猫”战斗机击落。8 日上午，双方航母编队在 200 海里的距离上出动了舰载机群展开激战。美军出动飞机约 70 架次，“瑞鹤”号航母惊慌逃窜，免遭袭击，“祥鹤”号航母没能逃脱而中弹，立即失去了战斗能力。日本出动飞机约 90 架次，对美舰发动攻击。日军两枚鱼雷、两枚炸弹击中美舰“列克星敦”号航母，8 日午后零时 47 分，由于气化的石油爆炸才沉没。沉没前，舰长弗雷德里克·C. 谢尔曼下令弃舰，挽救了舰上 3000 多名官兵生命。这次战役盟军共损失了 3 艘军舰，其中 1 艘航空母舰“列克星敦”号，1 艘驱逐舰和 1 艘油船。损失飞机 65 架，阵亡官兵 543 人。日军共损失两艘军舰，其中

1 艘航母（“翔凤”号），1 艘驱逐舰，还有 1 艘航母受重创。损失飞机 69 架，阵亡官兵 1074 人。这场战役使日军的武力扩张第一次遭到遏制，被迫中止对莫尔兹比港的进攻。

这场战役之后，尼米兹宣布这是“一个具有决定性深远意义的胜利”。珊瑚海海战是海战史上第一次航母之间的较量，也几乎是太平洋战争中最公平的一场战役。日本的两艘航母“瑞鹤”号“祥鹤”号原本是要参加中途岛作战的，现在无法实现了，因为“祥鹤”号受损、“瑞鹤”号严重减员。美国以 1 艘航母的沉没换取了日本两艘航母不能参加中途岛战役，导致了中途岛战役中双方力量的对比有所转变。

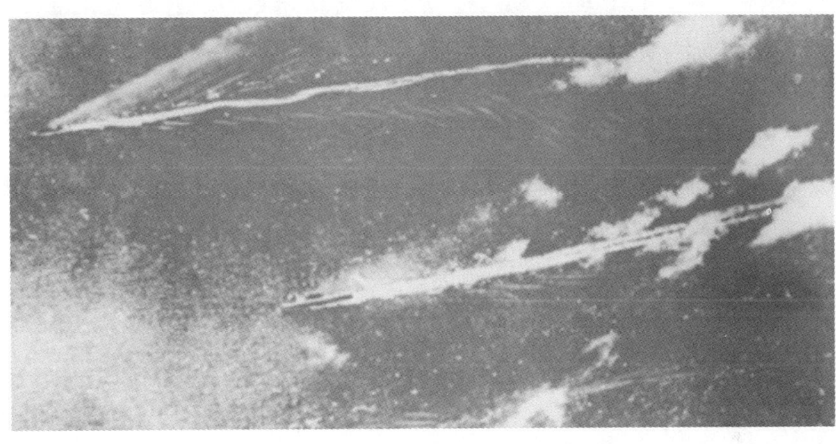

1942 年 5 月 7 日，美军在瓜达尔卡纳尔岛的南面，组成了第 17 机动特混舰队，准备在珊瑚海痛击日军舰队。航母“约克城”号和 9 艘驱逐舰、5 艘巡洋舰，由弗莱彻少将率领，浩浩荡荡向北驶去。

日军航母“瑞鹤”号有 63 架舰载机，“祥鹤”号航母有 54 架舰载机，一共 117 架。美军两艘航母上有飞机 143 架。图为日军航母上等待出击的飞机。

日军改装后的航母“翔凤”号（1万1200吨）。3月7日11点7分被美舰载机的7枚鱼雷、13发炮弹命中，11点45分沉没。

3月8日上午11点，美军舰载机对日军“瑞鹤”号航母（25675吨）进行集中攻击，日舰被3发炮弹击中，惊慌逃走。

3 月 8 日，美航母“列克星敦”号被日军两枚鱼雷、两枚炸弹击中起火倾斜，8 日午后零时 47 分沉没。舰上 3000 多名官兵弃舰获救。

美航母“列克星敦”号被击后起火冒烟，倾斜后不一会儿又恢复水平状，3 小时之内，仍可接纳飞机，后由于气化的石油爆炸才沉没。

“列克星敦”号沉没之前，舰上的伤员和飞行员乘汽艇逃生。

美军舰上人员216人战死，36架飞机被毁。“约克城”号救助落水人员后，向南方撤去。

三　盟军大反击

美军首次轰炸东京

为了对日军偷袭珍珠港进行惩罚，牵制日军在太平洋的舰队，1942 年 1 月美军高层决定冒险对日本进行空袭。具体方案是 B-25 型轰炸机，从太平洋上的航空母舰上起飞。由于距离有一千余公里，轰炸后飞机飞到距离较近的中国境内。

1942 年 4 月 18 日晨 7 点 23 分—8 点 24 分，由美军优秀飞行员杜立特中校率领的 16 架改装的双引擎 B-25 型轰炸机，飞机驾驶员 80 人，全部从停泊在太平洋的航母“大黄蜂”号和“企业”号上起飞，全是超低空飞行，12 架飞往东京，其余的分别去轰炸横须贺、横滨、名古屋、神户等地。

由于日本在海上担任警戒任务的渔船，发现了较早飞往日本的侦察机，向国内发了电报。上午 8 点多，日本联合舰队司令部向空军发出迎击命令，但是由于美机超低空飞行，未被日军发现。

当天，12 点 15 分，美机的 500 磅炸弹呼啸而下，击中了日本的钢铁厂、海军造船厂等，美机在下午 3 时，平安飞向中国境内的空军基地。这次成功空袭日本，虽然战果并不显著，东京炸死 39 人，伤 307 人，但是天天吹嘘战无不胜、坚不可摧的日军和日本首脑们极其震惊，日本人民更是惶惶不可终日。

美军利用飞行船将轰炸东京的16驾B-25型空军人员所需装备空运到航母“大黄蜂”号上。

为了空袭东京成功，美军在第20机动部队司令哈尔西中将率领两艘航母、5艘巡洋舰、7艘驱逐舰、两艘油船护航支援，可谓浩浩荡荡、威风凛凛。图为航母上的B-25轰炸机。

为了给B–25型轰炸机腾出位置，美军将“大黄蜂”号上的舰载机，收缩起来，放入甲板下的机库。

在相对狭窄的航母甲板上，很重的B–25型轰炸机，在很短时间内起飞是很困难的。执行轰炸东京任务的飞行员，在舰上进行了为期一个月的艰苦训练。

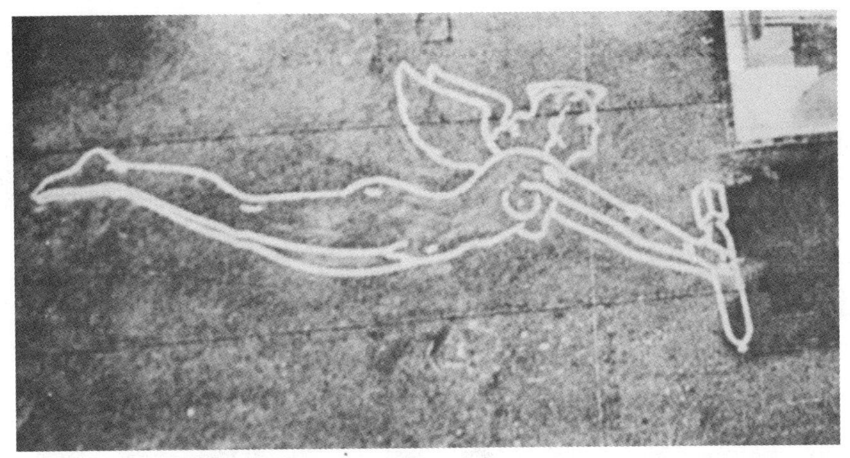

在轰炸东京的B-25型轰炸机前部画着手持炸弹的女神，意思是：战争、轰炸是由日本开始的，为了结束战争，把炸弹还给日本吧。

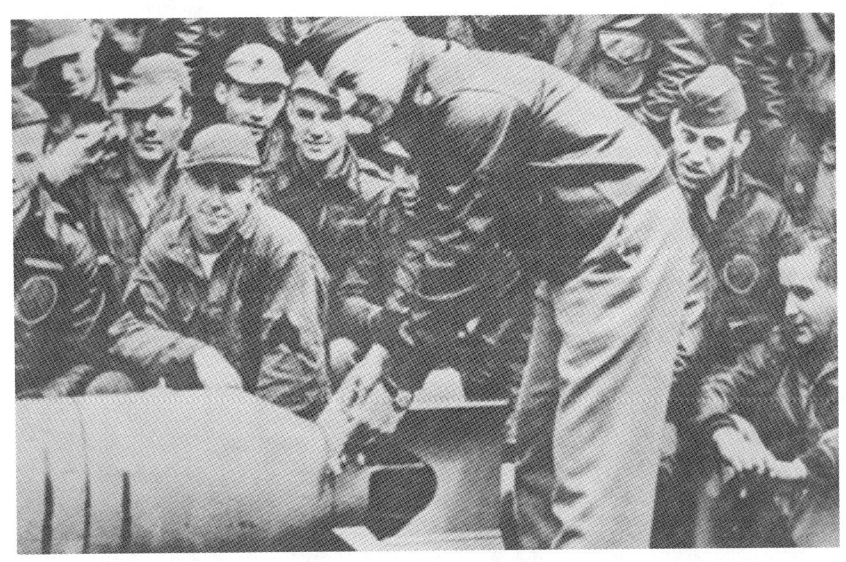

在驶往东京的途中，“大黄蜂”号航母利用扩音机宣布了“轰炸日本”的命令。执行任务的军官在舰上认真地听杜立特中校讲解轰炸及飞机起飞等技术问题。

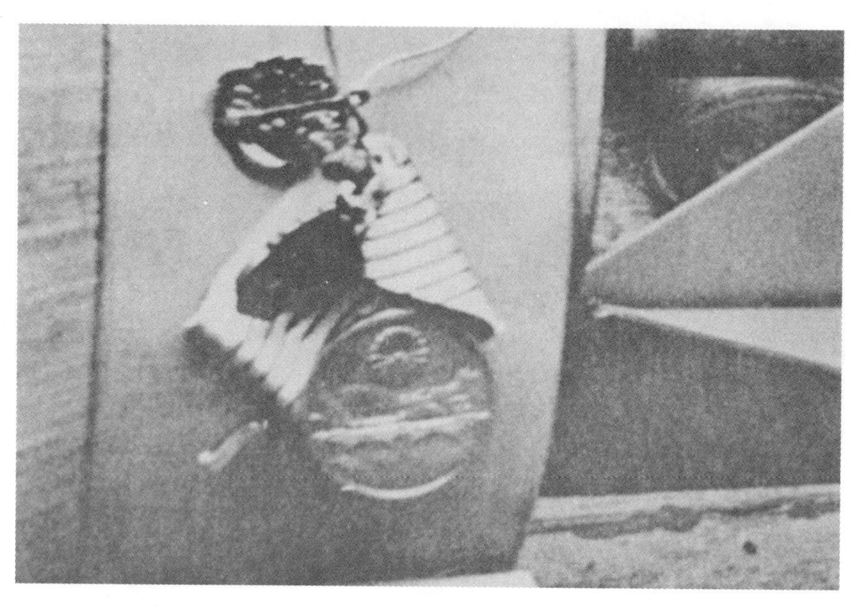

一位美军飞行员把在日本获得的奖章绑在了炸弹上，连同炸弹还给发动偷袭珍珠港的日本侵略者。

满载B-25轰炸机的“大黄蜂”号航母，到达距日本最短的距离是1150公里，距东京市中心距离是1235公里。

1942年4月18日上午7点25分，由杜立特中校驾驶的第一号飞机，从“大黄蜂”号上起飞。

上午8点24分，舰上16架飞机都离舰飞往日本，“大黄蜂”便调转方向，向东急驶撤走。

4月18日午后零时15分，杜立特的第一号机在东京上空投下第一枚燃烧弹。东京共炸死39人，轻重伤307人，房屋被毁166间。

轰炸东京引起日本全国的恐慌，从天皇到平民都没有想到美国的复仇来得如此之快，也可看出日本的防空漏洞。轰炸机（B–25）完成轰炸任务后，飞到中国降落。此图为日本人围观防空警报。

轰炸日本的美军飞行员，飞往中国时由于天气恶劣再加上黑夜，在中国迫降时8人被捕，这8人在上海被日军处死。图为被捕的第16号机机长法罗中尉。

美军B-25飞行员，在中国成为全国闻名的英雄，并受到中国人民保护。他们离开时，受到了中国军民的热情欢送。

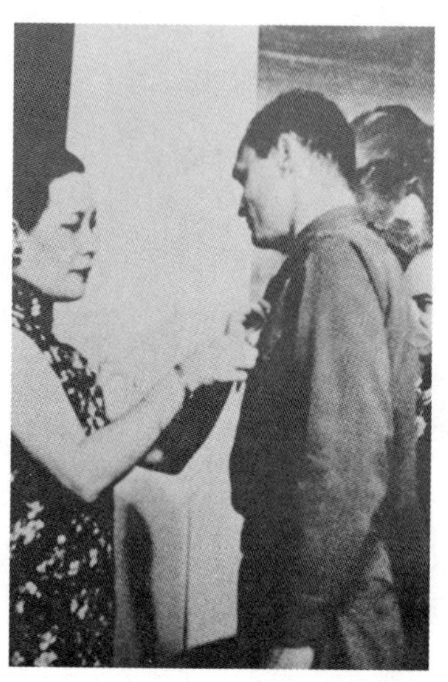

蒋介石夫人宋美龄给杜立特中校佩戴奖章。

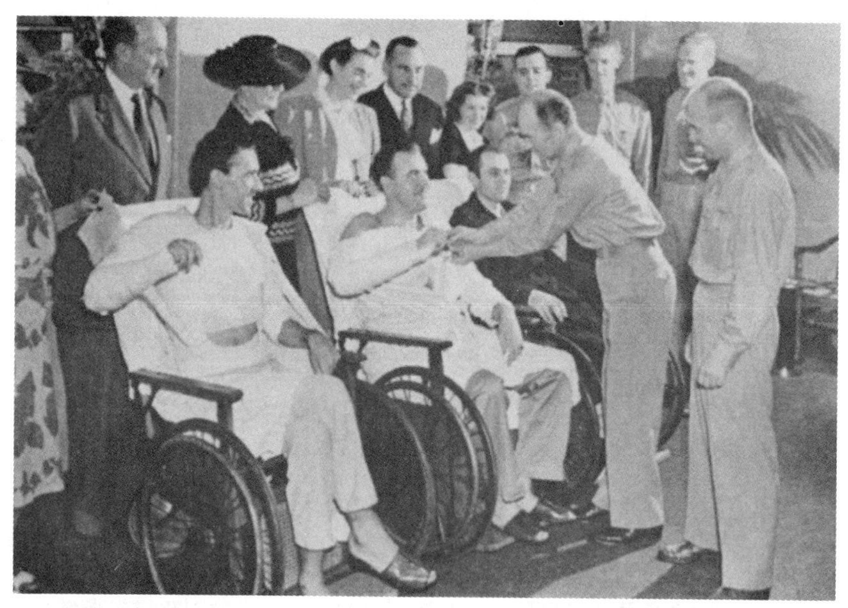

在轰炸日本时负伤的飞行员，在华盛顿陆军中央病院疗养时受到各界代表的慰问。

1943 年 4 月 18 日，轰炸东京的飞行员在北非一农家欢聚庆祝轰炸一周年纪念日。

日军兵败中途岛

中途岛，面积只有 4.7 平方公里，该岛距美国旧金山和日本横滨均为 2800 海里，处于太平洋航线的中途，故名中途岛。距珍珠港 1135 海里，是美国在中太平洋地区的重要军事基地和交通枢纽。中途岛一旦失守，美太平洋舰队的大本营珍珠港也将不保。

中途岛海战于 1942 年 6 月 4 日展开，美国海军成功地击退了日本海军对中途环礁的攻击，因此获得了太平洋战区的主动权，这场战役可说是太平洋战争的转折点。

日本海军想将美国太平洋舰队残余的军舰引到中途岛一举歼灭，因此日本海军几乎倾巢而出，是日本海军在二战中最大的战略进攻，日军动用的攻击力量十分庞大，共有战列舰 11 艘，航空母舰 8 艘，巡洋舰 22 艘，驱逐舰 65 艘，潜水舰 21 艘，飞机 200 余架。其中就有号称日本王牌战列舰的“大和”号和“武藏”号，以及航空母舰“赤城”号、“加贺”号、“飞龙”号和“苍龙”号，声势浩大，在世界海军战史上前所未闻。

按照日本大本营海军司令部的综合分析判断，日军与美军的实力对比约为四比一，美军处于劣势，无法与日军抗衡。如果攻占了中途岛，便成为占领夏威夷的跳板，倘若美国太平洋舰队赶来支援，便正好中计，可一举将其击溃。

1942 年 5 月 5 日，东京参谋本部发布了海军第十八号作战命令：“联合舰队司令官同陆军合作，占领中途岛和阿留申岛以西的战略据点。”山本五十六司令官在广岛以南柱岛的旗舰“大和”号上接到这个命令以后，立即召集海军将领开会，布置作战计划，目标是中途岛。在 72 小时前对阿留申群岛进行牵制性的袭击，等珍珠港的美国太平洋舰队前来进攻，便一举将其歼灭。然而，日军违背了集中兵力重点消灭敌人有生力量的军事原则，又犯了兵力过度分散的大忌。日军在电报密码的解读和预警侦察方面都过于疏忽，致使日本大本营进攻中途岛的命令密码电报被美军截获，为美军司令部制定作战计划提供了科学依据。因此，美军以逸待劳，做好了对付日本舰队的各种准备。

1942 年 5 月 28 日，由斯普鲁恩斯少将率领的美海军第 16 机动舰队离开珍珠港驶向中途岛海域。72 小时后，5 月 31 日，弗莱彻少将率领的第 17 机动舰队也从珍珠港起锚出发。

6 月 5 日凌晨 1 点 30 分，日军“飞龙”号航空母舰飞行队长友永丈市大尉率领的第一次攻击队，共有 36 架战斗机、36 架舰载机、36 架歼击机，轰轰隆隆飞离航母朝中途岛飞去。美军虽然派出 B-17、B-26 战斗机队升空迎击，但寡不敌众，中途岛美军基地飞机库以及发电站、燃料罐都被炸毁，火焰冲天，岛上浓烟四起。中途岛的制空权落入日军手中。

6 月 6 日上午 5 点左右，美国“企业”号、“大黄蜂”号、“约克城”号 3 艘航空母舰上共起飞 87 架轰炸机、41 架歼击机、26 架战斗机，航空母舰也快速向日本舰队逼近。6 点 18 分，44 架美军舰载战斗机开始向南云率领的舰队发动袭击。这时，日本各航空母舰上的第一次攻击队飞机刚刚停落完毕，一片混乱。忙乱中，部分零式战斗机腾空拦截，拼命护卫，美军 15 架飞机被击落。从中途岛来袭的美轰炸机对日舰也没有造成损害。空战持续到 7 点 23 分时，日本航空母舰上空的警戒出现了漏洞，37 架从美国“企业”号起飞的轰炸机从 3000 高空直冲而下，在距离日军舰上方 500 米的低空，对准“加贺”号航空母舰投下 500 磅到 1000 磅的重型炸弹；7 点 24 分，轰炸“赤城”号航空母舰；7 点 25 分，“苍龙”号航母遭到从美军“约克城”号航母上起飞的轰炸机轰炸，海面上一片凄惨景象。差不多在同一时刻，日本 3 艘航母被炸毁。

下午 7 点 26 分，“加贺”号航母发生第二次大爆炸，开始沉没。

日军原来计划，预定先头攻击部队在 1942 年 6 月 5 日深夜逼近中途岛，此时，计划已完全不能实现，只有返回。5 日下午 9 点 50 分，山本五十六命令主力部队、机动部队、攻击部队会合，夜 10 点 55 分，命令停止中途岛进攻作战，开始仓皇退却。

由于信号联系不清楚，巡洋舰“三隈”号和当时世界上速度最快、火力最猛的巡洋舰“最上”号猛烈相撞，切断了“最上”号的前端部位，一瞬间，“最上”号从一号炮塔到舰桥几乎全被摧毁，官兵一百余人死亡，“三隈”号也严重损坏。

6月7日，美轰炸机群搜寻到这两艘几近瘫痪的巡洋舰，将“三隈”号击沉，舰上千余名官兵全部战死。“最上”号侥幸逃到威克岛基地。

中途岛海战以日本海军惨败而告终。其伤亡人数和军舰的损失数是世界海战史上空前的一次。日军战死三千五百多人，丧失飞机322架，4艘航母和1艘巡洋舰被击沉。

中途岛海战使日本从根本上丧失了海上作战的主动权，这是太平洋战争历史性的转折点。

1942年6月4日，从中途岛基地起飞的美军侦察机PBY，在中途岛西南发现了日本舰队，第一时间将情报发回。图为机组全体人员。

日军进攻中途岛航母上的零式战机。

中途岛海战中，日军导航员为日军战斗机群导航。

6月4日日军第一机动部队108架飞机，对中途岛进行大轰炸。图为岛上油库起火。

美军太平洋舰队司令尼米兹上将，亲自到中途岛视察鼓舞士气。

美航母“约克城”号甲板上被炸了一个大洞。

日军第一枚鱼雷击中“约克城”号左舷中部，紧接着又中了第二枚鱼雷，燃油仓、锅炉仓、发电仓被炸坏进水，舰体倾斜，下午2点55分舰长发出“弃舰”命令。

被日军鱼雷和炸弹击中的美舰“约克城”号。

从“大黄蜂”号上起飞的美军轰炸机，对日军重巡洋舰“最上”号和“三隈”号进行轮番轰炸，为了躲避炸弹，两舰相撞，不能航行。

美军将落水日军救上航母。

中途岛海战以日军惨败告终，日军战死3500多人，丧失飞机322架，4艘航母及多艘巡洋舰被击沉。图为被美军俘虏的日军。

被救上美军航母的日军俘虏吃到了热饭。

美军将在中途岛被俘的日军送往夏威夷。

在航母上的美军使用舰载高炮攻击日军飞机。

美军舰载机群飞向中途岛轰炸日军。

美航母“约克城”号上的高射炮手，全神贯注轰击日军飞机。

“约克城”号航母上的高炮向日军舰载轰炸机猛烈开火。

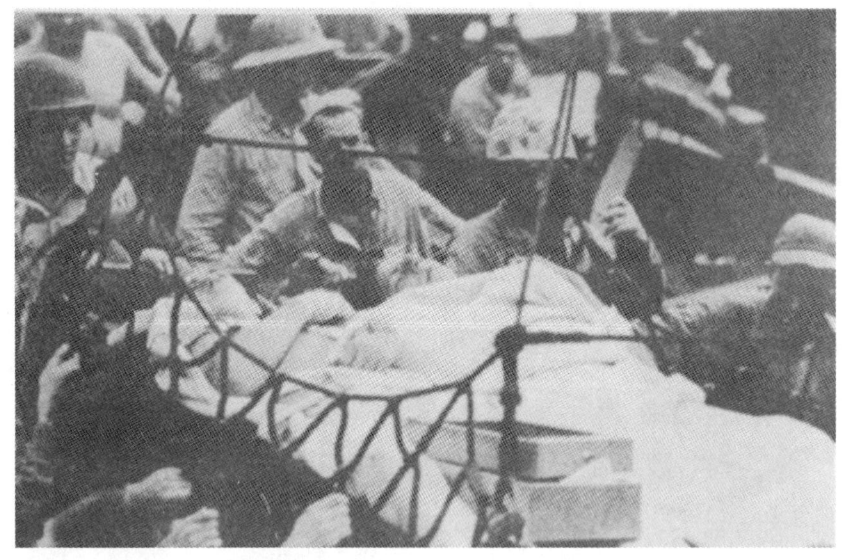

美军正抢救受伤的飞行员。

受伤的美军飞行员得到救护。

日军“飞龙号”航母上的舰载机重创了美军“约克城”号航母，但也受到美军79架飞机的攻击，它躲避了20多枚鱼雷和70颗炸弹的攻击，17点零3分，美军飞机对其俯冲轰炸，4颗炸弹命中，全舰燃起大火。图为起火但仍狂奔的“飞龙”号，8点20分“飞龙”号沉没。

中途岛上的油库被炸起火，黑烟冲天。

美军攻占瓜岛

"敌机来袭，在猛烈轰炸中，敌人登陆开始，请求救援，请求救援！"1942年8月7日，位于拉包尔的日军第8舰队司令部，收到从瓜岛发来的紧急电报，这意味着瓜岛攻防战正式开始。

瓜达尔卡纳尔岛，面积5千多平方公里，是所罗门群岛最大的岛屿。瓜岛战略地位重要，1942年6月16日，日军先后派出近3千名工兵，很快在瓜岛修了一条1200米长50米宽的飞机跑道。这对美澳联军是一大威胁，美军决定拔掉这颗钉子。

8月7日凌晨，1万多名美国海军在猛烈炮火支援下登陆瓜岛，歼灭了岛上的日军，占领了新建的机场，缴获了日军大量物资，并将机场更名为"亨德森机场"。

日军决心夺回瓜岛，但低估了美军的力量，8月18日仅派了一木支队的900多名士兵，只带了一周的食粮，在瓜岛北岸悄悄登陆后袭击机场，被美军打死777人，少数人逃往密林，一木直清大佐支队长烧了队旗后自杀。

日军为了夺回瓜岛，在拉包尔和特鲁克组编了40多艘舰船，几百架飞机，派遣了川口支队第2、第28师团数千名兵力，于8月23日逼近瓜岛海面。24日下午，美日两军开始激战，美鱼雷机将日军的"龙骧"号炸沉，美军航母"企业"号也被日军飞机击伤，死伤100多人。8月25日上午美机炸伤日军向瓜岛运兵船"金丸"号，稍后又炸沉了日驱逐舰"睦月"号和一艘运输船。

9月12日夜，日军川口支队夜袭"亨德森机场"，被美军打死600多人，受伤500多人，剩余的残兵逃往深山密林。

10月下旬，日军又调集了3万多兵力、5艘航母、260架飞机、数艘战列舰巡洋舰，由南云忠一中将亲自指挥进攻，美军飞机被炸毁一半，机场油库被炸，日军的船团也损失大半。

10月24日—26日，日军又发动了第三次总攻击，激战3天。由于美军武器装备、后勤保障优于日军，日军死伤70%。日军三次总攻，以彻底失败告终。

到1942年11月，岛上仍有2万多日军，由于丧失了制海制空权，补给断绝，岛上可吃的植物也吃光了，极度饥饿，疲劳疾病伴随着惊魂不定的日军，甚至发生了人吃人的现象。大约有1.5万人病饿而死。这次战役美澳联军投入6万兵力，战死5千多人，瓜岛之战是盟军大反攻的开始，也预示着日军彻底失败的开始。

1942年12月31日，在日本御前会议上做出了1943年2月1日从瓜岛撤退的决定。在瓜岛争夺战中，不论是在陆上还是在海上，日军都受到严厉打击，损失惨重。

在瓜岛上驻守着日海军警备队247人，还有建设营房和机场的工兵2571人。8月7日美军猛烈炮轰瓜岛，到夜里已有1万多人攻上瓜岛，日军拒不投降。到8月20日，日军一木支队前来增援，夜袭瓜岛，多数战死。图为瓜岛特纳鲁河口日军的尸体。

为支援瓜岛上陷于绝境的一木支队，8 月 29 日川口清健少将率领的川口支队 8 月 31 日夜成功登上瓜岛。9 月 12 日夜 9 时，川口支队向美军守卫的“亨德森机场”发动夜袭，被美军击败，死亡 600 多人，伤 500 多人。图为川口支队宣布夜袭命令。

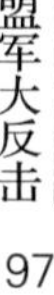

日军在瓜岛密林中搬运分解的 41 型山炮，由于道路艰难，最后将 18 门大炮丢弃在山中。

日军一木支队长一木清直，1937 年“七·七事变”时任大队长，是卢沟桥事变的罪魁之一，他是在从关岛返回日本的途中，接到命令支援瓜岛，战败后在泰保岬自杀。

被美军占领的日军大米储备壕。逃入密林中的日军饿死、病死无数，故瓜岛被称为“饿死之岛”。日军向大本营发出的电报都是“已经绝食一星期”、“决定命运的是粮食”。

图为日军在瓜岛上建设的野战医院，美军攻上瓜岛后，残余日军逃往密林中，高温、湿气、蚊虫，缺医少药，伤兵大部分死去。

美军范德格里夫少将率领的海军陆战队第1师1万9千人，于8月7日经过苦战登上了瓜岛。美军登陆前用舰上的大炮猛烈轰击日军，一木支队的士兵只好逃入密林中。

美军对图拉吉岛和瓜岛的攻击作战，代号为“瞭望台”，8 月 7 日凌晨 1 点，美海军第 1 陆战队分乘 23 艘运输舰，在航母编队的掩护下分两路登陆图拉吉岛和瓜岛。图为美海军陆战队在瓜岛“红滩”登陆。

8 月 7 日美海军陆战队 6000 人攻上图拉吉岛。登陆之前重炮猛轰，岛上 700 名日军全部战死。

被美空军轰炸后的特纳鲁海边码头。

美国海军陆战队在瓜岛登陆的情景。

在瓜岛战役中，美军共缴获日军机关枪650挺，迫击炮100门，火炮250门，大卡车130辆，坦克10辆，步枪12000支，刺刀19000把，军刀300把。图为美军在整理缴获的物品。

日军一木支队残余兵士只能用步枪和手榴弹、白刃战，对付美军的坦克、75毫米曲射炮。图为特纳鲁河口成堆的日军尸体。

从1943年2月2日开始，日军在300架飞机掩护、20艘驱逐舰接应下，分三次将瓜岛上16520名士兵（含848名海军）撤离瓜岛。日军撤退得十分巧妙果断，美军一直以为是日军在增援。图为在瓜岛被捕的日军。

岸上是被美军炸毁的日军住吉支队的“虎之子”坦克。

美军在瓜岛上修整飞机跑道。

为了便于在夜间进行空袭，美军飞机用黑色涂了机身，被称为“黑寡妇”。

美军占领了瓜岛之后，在岛上建设羽毛球场、露天电影院、酒吧。到酒吧的第一批客人就是美海军战斗机的飞行员。

日军在拉包尔的空军准备出击，但拉包尔距瓜岛900千米，日零式战斗机在空中只有15分钟的时间，所以对瓜岛造不成重大威胁。

美海军上将尼米兹认为，日军在瓜岛的惨败原因，一是其陆海军认识不一，缺少协调；二是电报密码泄露，美军事先探知了日军行动；三是日军兵力过于分散。图为做了伪装的美海军舰队。

美军登陆瓜岛后，安设了能打8000米高空飞机的高射炮，当地居民也来呐喊助威。

被美军击落的日军零式战斗机。

拉包尔攻防战

1942年，日军占领了新不列颠岛的拉包尔。拉包尔是中部太平洋的战略要地，占领该地可以确保太平洋的制空制海权，也是切断美国和澳大利亚海上交通的咽喉。拉包尔西、南、北三面环山，东西有天然深水良港，拉包尔的周围有日军6个基地，便于航空队停泊和出击。日军方面军司令部、舰队司令部常在拉包尔开会作出决策。本岛有东西两个飞机场。

日军在拉包尔这个战略基地上，驻守陆军7万多人，海军4万多人，各种立体防御工事十分坚固，弹药、粮食充足，至少可用三个多月。第八方面军司令今村均中将，接受过瓜岛“饿岛”的教训，命令全部守岛士兵栽培稻米、玉米、红薯、土豆、蔬菜；饲养猪、羊、鸡和食用蛇，还修建地下城镇和土层厚15米的地下洞窟阵地，地下要塞，地下兵营、工厂、飞机库，全部由蜘蛛网似的地下通道连接。野战医院更是设计得别出心裁，平时可以得到阳光照射，遇到空袭炮击，便迅速转到地下。炮兵阵地也很独特，地下铺设运送大炮的轨道，开炮时推到地上，打完退回地下。如果强攻拉包尔，肯定会付出极大的代价。因此，美军决定采取围而不攻，先扫清其周围小岛的日军，切断其与周边岛上日军的联系，可谓釜底抽薪，如同“中国式的农村包围城市”。在这次代号为“樱花”的战役中，盟军在拉包尔周边的卡维恩马努思、新不列颠等岛屿上投下了20万吨炸弹，使日军经营多年的拉包尔成为“孤岛”，不攻自灭的死岛。

日军防守严密、重兵把守的拉包尔岛。

岛上的日军零战 21 型攻击机发动机轰鸣，将起飞去执行任务，机场上尘土飞扬。

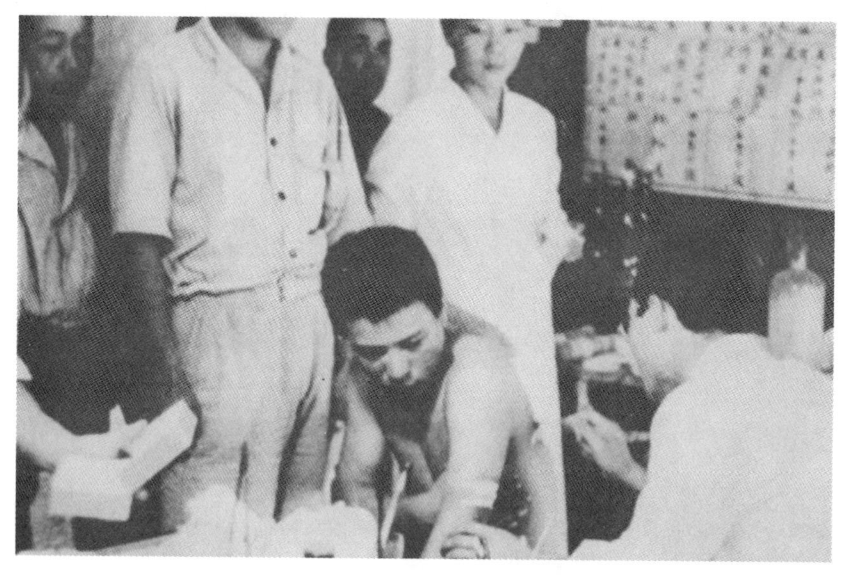

1942年2月23日，美军B-17型轰炸机连日猛烈轰炸，特别是在夜间进行轰炸，使日军惊慌失措。图为日军地下医院为飞行员治疗的情景。

在指挥所前集合的飞行员正听从军官的出击命令。为了避免被美军飞机炸伤飞行员，他们住的地方远离机场，集合时全用卡车送来。

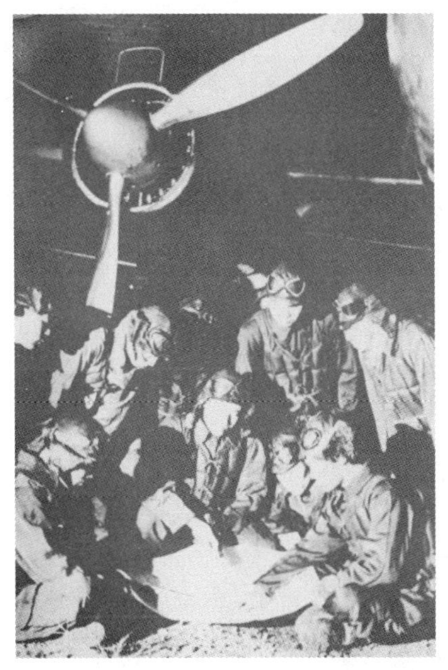

在拉包尔的日空军迫于美军空军的强大攻击，不敢在白天出击，只好在夜间袭击美军。图为在手电的照明下，研究攻击目标的日空军飞行员。

日军飞行员在拉包尔空军指挥所前，报告战果和美军活动情况。战果往往谎报，在空战中日军飞行员损失惨重。1943 年 10 月 18、23、24 日，美军从新几内亚等各岛基地集合战斗机、轰炸机349架连续轰炸拉包尔，击毁日军飞机近300架。

拉包尔岛上的日军厨房。

1943年12月中旬，美军在布干维尔岛登陆的人数已达4万4千多人。12月26日，美军陆战队一师、七师，在新不列颠岛西的格洛斯特岛登陆，迅速占领了该岛西部，日军只好龟缩在该岛东部的据点里，这样一来，包围封锁拉包尔的计划基本实现。图为美B-25型轰炸机对拉包尔进行低空轰炸。

美军 B-25 型轰炸机对拉包尔西机场进行轰炸。

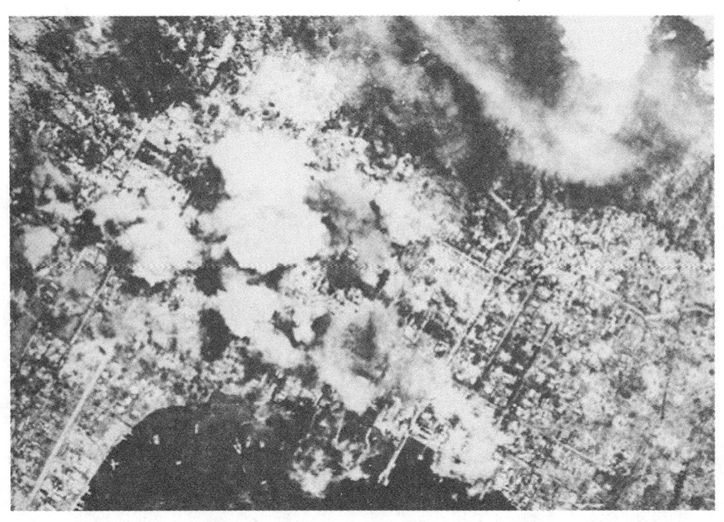

到了 1943 年春天，对抗美军战斗机轰炸机的日军飞机几乎丧失殆尽，美军轰炸机对拉包尔投下两万吨炸弹。图为被炸的拉包尔市街。

美空军利用降落伞携带炸弹轰炸拉包尔西机场。因为是超低空投弹，这样炸弹不会伤着自身飞机。

盟军对拉包尔岛上木质建筑投放黄磷燃烧弹，杀伤力极大。

为了防御美军袭击，在拉包尔岛上的日海军防守阵地全用草和树木覆盖着。

在美军的轰炸下，日军死伤惨重。图为日军卫生队在密林中护送伤兵。

守岛的日军伤员日渐增多，加之天气炎热、潮湿，轻伤也变成了重伤。图为日军卫生队自制的简易担架。

日军在拉包尔修建了地下兵工厂。图为工厂的配电室。

1941 年日本的飞机产量是 6174 架，1943 年是 26507 架，这不过是美国飞机产量的 1/5。而且由于材料缺乏，质量远远不如美国飞机。图为日本飞机生产工厂。

1943 年 6 月 30 日美军在空军掩护下，登上伦多瓦岛。

美军只用了两个多小时便在伦多瓦岛登陆，一天之后便用重炮轰击蒙加日军的飞机场，阵地旁的椰子树都烤焦了。

美军占领了伦多瓦岛后，用15.5毫米重炮将日军蒙加基地上的飞机炸得七零八落，日军只有挨打的份儿，毫无还手之力。

日军在瓜岛惨败后，所罗门群岛防守由海军来负责。图为准备支援蒙加岛的日军陆战队。

图为进攻布干维尔岛的美海军陆战队。

图为美军在日军半地下碉堡前喊话，让日军投降。

美军夺取的拉包尔日军物资仓库。

11 月 7 日，日步兵第 23 联队再一次向特鲁克岛上的美军发起攻击，全被美军强大的炮火击退。

被日军炮击而引起的特鲁克美军油库大火，美军正全力扑灭火灾。

被日军飞机炸毁的特鲁克岛上的美军重炮阵地。

日军遭到美军的空中轰炸和炮击，只好退到密林中伏击登陆的美军。为了避免遭受暗算，美军利用军犬侦察日军隐身之处。

美军炮兵利用新开发的90毫米大炮测距器，使炮击效果大幅提高，特别是对空射击更加有效。

美军在特鲁克岛上，利用机械开发出空地，建设了飞机场，在机场附近架设了雷达站，可以预测日机来袭。

1943年12月15日盟军以第1海军师团为主力，在空军的配合下，登陆新不列颠岛西方的格洛斯特岛。图为盟军的军需物资船。

坦克车、吉普车满载美海军陆战队队员，勇猛地在格洛斯特岛强行登陆。

1944年1月登上格洛斯特岛的美海军进入密林中搜索日军残兵。

康林恩小岛海岸边自杀的日军尸体。康林恩小岛在拉包尔的东南，由日本守备队100人把守。1944年2月9日，美军攻入该岛将日军全部歼灭，切断了拉包尔和布干维尔岛的通道。

美海军陆战队在日军地下碉堡前喊话，让他们出来投降。

在格洛斯特岛战死的日本士兵尸体。

美军在格洛斯特岛搜索日军，地堡里几乎全是日军的尸体。

1944 年 3 月 20 日，美军攻上新汉诺威岛，可以威慑卡维恩岛。

美军在罗斯纳库罗斯岛建设的汽车厂，停满了装载物资的车队，成为美军新的基地。

占领了罗斯纳库罗斯岛的盟军（日军守岛的51联队全部覆灭），由于有飞机空投的物资，加上有充足的机械设备，盟军开始迅速整修飞机场。

在格洛斯特岛的日军俘虏，吸着美军给的烟卷。

日军俘虏被从临时看守所带到停车场，除重伤者外，一律担任扫除和其他劳役。

（图一）

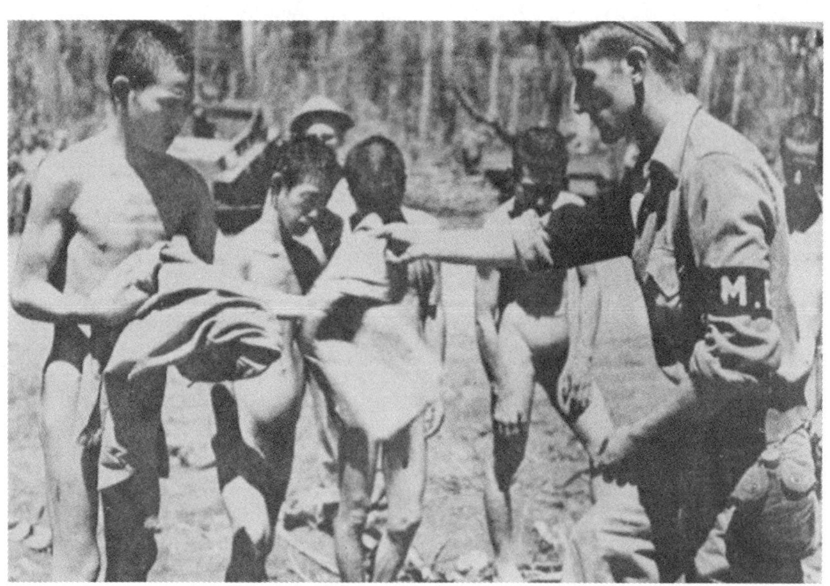

（图二）

（图三）

盟军命令格洛斯特岛上的日军俘虏，将旧衣服全部烧掉，然后发给他们新衣服，检查其身体，将其收容进有铁丝网围起来的临时监狱，然后送往后方。（图一、图二、图三）

秋风扫落叶般的“蛙跳作战”

日军从1942年到1943年上半年，占领了新几内亚、所罗门群岛，使其成为左右太平洋战争的中枢。新几内亚岛面积77万平方千米，是世界第二大岛，平均年降雨量2000—3000毫米，气候高温多湿，岛内布满了参天古树，在这不太适宜人生活居住的环境中，日军与盟军展开了殊死的搏斗，盟军夺得了制海权制空权后，日军只好龟缩到遮天蔽日的密林中。1943年日本大本营决策者在败局已定的形势下，仍给驻新几内亚的军部下令让死守该岛。但是躲在密林中的日军，在无外援而极度饥饿、病魔缠身的险恶境况下，自身难保，纷纷死亡。

莫尔比兹岛是新几内亚的首都，是巴布亚湾的天然良港，更是南太平洋的战略要地。日军将夺取此地定为最重要的目标。图为在深深密林中用大象运输装备的日军。

1942年7月日军独立工兵15联队、南海支队、步兵41联队从布诺西侧登陆，翻过欧文斯坦利岭时已到了9月。

日军南海支队艰难翻过海拔几千米的高地欧文斯坦利岭，随身只带了3—5千克大米，在密林中缺少粮食，面临严重问题。

在密林中搬运食粮的日军。

瓜岛失败后，日军大本营虽然下令加强了新几内亚的防守，但在强大的美军空军轰炸下，1943 年 1 月 2 日大部分日军覆灭。图为披着蓑衣在密林中躲避美军突袭的残兵。

日军新编成的第7飞行师团，1943年6月底进入韦瓦克后，受到美澳联军飞机的轰炸，日军100多架飞机被炸毁。图为逃往密林中的日军陆战队士兵。

1943年7月，日军陆战队冒着美军炮火越过倒下的树木向瓦尼莫进攻。

在美澳联军飞机的激烈轰炸下，来往于莱城和拉包尔之间的日军运输船多被炸毁。图为日军向炸毁的运输船和船舶工兵致哀。

1943年9月，美澳联军通过空中支援，在蒙加南的山地设立了基地，日军第41和20师团对美澳联军基地进行攻击，全被打退。图为日军高炮部队将高射机枪分解后在密林中搬运。

图为在密林中的日军电话兵。

日本大本营于1943年3月制定了“东南方面作战陆海军中央协定”，要求陆海军密切合作，增强新几内亚基地的防卫力量。图为马那夸里的日军海军陆战队在凯马纳密林中艰难地推着大炮。

1943 年 9 月 5 日，美澳联军 1 个师团在莱城空降成功，守卫这里的日军 1900 多人大部分被歼灭。图为在森林中日军医生为伤员治伤。

驻守新几内亚的日军第 6 飞行师团，在美军强大的空中力量打击下渐渐处于劣势，1943 年 7 月又增派了第 7 飞行师团，8 月 17 日美澳联军成功对日军实行奇袭，击毁日军飞机 100 多架。图为隐蔽在椰林中的日军飞机。

美军攻占岛屿和基地的战法是，先利用强大的空军和航母上的大炮进行猛烈的轰击，摧毁日军的防御工事，然后海军陆战队登岛扫荡。图为1943年9月19日美军进入已成废墟的莱城。

美军在莱城登陆之前，派出第5航空队对韦瓦克日军机场突袭，250余架日机被炸毁。图为澳大利亚步兵的登陆船艇。

1943年9月16日，美澳联军攻入莱城，日军的炮兵阵地和战壕全被摧毁。图为被美军B-25飞机炸毁的日军阵地。

1943年年底美军攻占了新不列颠岛。图为莱城飞机修理厂散乱的器材。

9月5日美军一个空降师在埃拉普降落，在澳大利亚军的支援下，从瓦屋向莱城进攻，失掉制空制海权的日军只好逃往密林和山地。图为美军的空降部队。

1944年1月，美澳联军进攻莱城西北重镇赛多尔，没有受到日军像样的抵抗，这里成为进攻新几内亚中西部的基地。图为向赛多尔进军途中的美澳联军。

日军处在无外援和空投的艰难困境中，美军却有大量的物资弹药供应。图为赛多尔美军海军陆战队物资集散处。

日军第18军司令部所在地马当的守军16000人，在韦瓦克地区有15000人。但是丧失了制空制海权后，防守力薄弱。图为装备精良的美澳联军在赛多尔登陆。

1944年1月开始，美军飞机对韦瓦克地区日军航空基地进行连日轰炸。图为美军B-25型飞机超低空轰炸。

在美军猛烈轰炸下，1944年3月25日日军第4航空军司令部由韦瓦克转移到博吉亚。29—30日美军130架飞机对韦瓦克日军航空基地进行轮番轰炸。

8 万美澳联军浩浩荡荡向博吉亚方向开去。

在强大的美澳联军攻击下，日军只携带几天的食粮逃往深山密林中。图为装载着攻击碉堡的迫击炮的舟艇运送联军在博吉亚登陆。

美澳联军进击速度加快，1944 年 5 月 17 日在瓦库台岛和沙鲁米地区登陆成功，全歼瓦库台岛日军守备队步兵 224 联队一个中队的 6000 多人，并占领了飞机场。猛烈的炮击，将岛上的椰子林也全部炸毁。

1944 年 5 月 27 日联军攻占比亚克岛，日守备军第 36 师团第 222 联队抵抗了近一个月，全军覆没，联队长葛目直幸大佐于 7 月 1 日自杀。图为该岛的美军基地。

联军攻下比亚克之后，于7月2日在实珍岛登陆。图为日军飞机残骸和丢弃的物资。

美澳联军于1944年7月30日在默加附近登陆，切断了日军的南北海上通路。图为运输美军的运输船靠岸的情景。

在美澳联军的紧逼下，日军第二军司令部节节后退，1945 年 2 月退到了苏拉维西岛，残留部队 1 万多人，75% 的人战死。图为被炸毁的日军运输船。

美军在运输船上享用午餐。密林中的日军只好以野果、老鼠、蜥蜴等充饥。

美军在默加登陆后，到密林中搜捕日军。日军在新几内亚东部的18军共有14万人，到战败时只剩下1.3万人。西部的第2军36师团，存活的只占25%，在博吉亚的7000人，只剩下600人。图为美军在密林中搜捕日军残兵。

美军在争夺太平洋诸岛时，经常利用PT（鱼雷艇）出其不意奇袭日军。这种鱼雷艇全长24米，发动机马力大，时速可达60千米，装有鱼雷发射管4个，对空火炮1门，机关枪数挺，非常机动灵活，就像一头灵活勇猛的猎犬，在洋上自由追踪猎物。

PT鱼雷艇体小灵便，有利于在新几内亚岛的各河口停泊，除了运兵战斗，还担负了运输物资和邮政工作。

图为停泊在莫洛比基地的PT。美国前总统肯尼迪，曾任PT的船长，驾艇参加过瓜岛战斗，他驾驶的PT与日军的驱逐舰“天露”号发生碰撞，经过九死一生的搏斗，才活了下来。

在进攻新几内亚的战斗中，为了充分掌握天气的变化，美军在战地开设了高层气象观察班。

日军的雷达只能探测150千米之内的情况，由于高山密林，通信往往发生故障，而且在弗瓦克大轰炸中，有100多台雷达被破坏，美军通信设备却相当先进。图为美军通信室。

日军通信机干电池虽然有1年的寿命，但由于战地多处于湿地和高温的森林，只能使用1个月。而美军的PT和飞机基地的通信却十分的便利。图为美军战地情报室。

战时运输船担负着运送兵员、武器、食粮、伤员等重要任务。所以美澳联军的飞机努力寻找日军的运输船，一旦发现便予以猛烈的轰炸。在太平洋战争中，日军2500艘运输船被炸，占总数的82%。后来为防止被炸，日军在运输船上安装了八八式野战高射炮、三八式野炮、九八式高射机关炮。图为向幌延岛驶进的日舰“高砂丸”号。

日军运输船不但怕飞机轰炸，更担心水中潜水艇的袭击，所以一路上担惊受怕。

日军供给各种舰艇汽油的船叫油槽船。一般是从民间征来的，陆军征用的叫A船，海军征用的叫B船，未被征用的叫C船，陆海军之间为多征油槽船，也常常内讧。

“秋津丸”号重9190吨，1942年2月投入使用，由于特装了飞行甲板，被戏称为陆军的“航母”，1944年11月15日在莱特岛海战中被击沉。

美军进攻太平洋中部日军占领的小岛，采取新的“蛙跳战术”，不用逐次拔掉日军据点，而是用跳跃方式有计划地拔掉必须拔掉的据点，把其他的孤立起来让其自灭。图为美军炮轰纳穆小岛。

马绍尔环礁有34个小岛。因为战后美国曾在比基尼和埃内维塔克两个环礁进行过原子弹爆炸实验，为世人所知，其余的小岛一般人不知其名。图为1944年2月登上纳穆岛的美海军陆战队。

在夸贾林岛上自杀的日军尸体，他是用脚扣动板机饮弹而死。

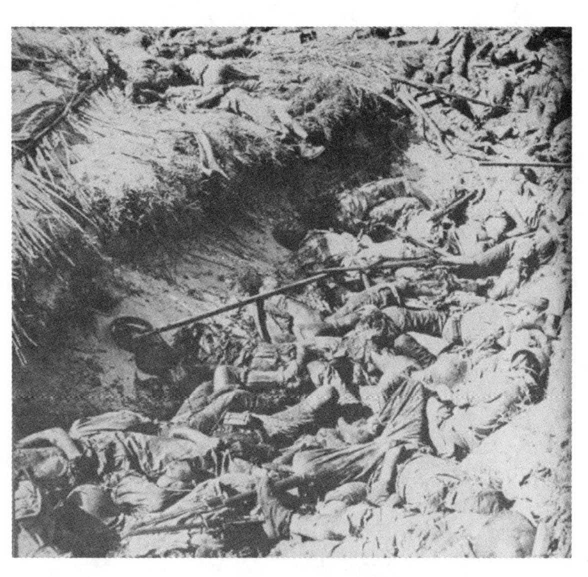

马绍尔群岛地势平坦，地下水位高，日军又缺少构筑工事的材料。所以防御工事都很简易，很容易被美军攻破。图为战壕里的日军尸体。

夸贾林环礁战斗，日军战死7340人，美军战死372人，负伤1582人，美军对伤员的救护措施十分周密。图为给负伤的美军输血。

2月3日美军占领了纳穆和卢奥道西岛。图为战壕里裹着破布的日军俘虏。

攻占夸贾林岛后，美军发现了几百辆自行车，上面标明不能随便使用，但日军全军覆没了，美军随便骑上拍照留念。

美军以蛙跳式作战，攻占夸贾林群岛，跨越了500千米未遇到日军飞机袭击。图为日军建筑的海岸碉堡群。

1944年2月5日，美军攻占埃贝耶小岛，全歼日守备队800余人。图为美军缴获的日军坦克。

美军攻占了莱环礁后，经过两个月的抢修，将原来日军的小飞机场改成了重型轰炸机可起降的大型机场，加强了对马绍尔群岛的压制。

1944年2月17日4点55分，美第58机动部队的舰载机58架对特鲁克岛进行轰炸，日本飞机几乎全被毁灭。第二天，美军飞机可以自由地安全地飞来飞去，任意轰炸海上日军船舰。

美军派出上千架轰炸机，载炸弹约490吨，对特鲁克岛尽情轰击，致使日军飞机270架、舰船41艘毁灭，炸伤舰船9艘，石油燃料1万7千吨燃烧殆尽。图为被炸起火的日军水上飞机基地，这一幕使人想起日军偷袭珍珠港的情景。

日军的雷达虽然探知美机来袭，但反应太迟。图为日军“太刀风”号驱逐舰遭轰炸后冒起大火。

图为美B-24轰炸机在特鲁克上空投放3号炸弹，这种炸弹是美军新开发的，可以在空中爆炸，以便击毁空中敌机。炸弹重30千克，对杀伤日本零战机很有效。

英帕尔惨败

1943 年 3 月，日本东条英机首相对驻缅方面军河道正三中将司令官说：“对缅甸的政策就是对印度的榜样。”意思是尽快占领印度，在印度建立傀儡政权。英帕尔位于印度东北部，日军进攻英帕尔的倡议和指挥者是 15 军司令官牟田口廉也中将，河道正三和牟田口廉也都是策动“七·七事变”的元凶，两人臭味相投，对进攻英帕尔认识一致。

1944 年 3 月 15 日日军兵分三路，从南、东、北向英帕尔进军。三个师团一共 8.4 万多人，印度伪军 7000 多人。

日军原计划在雨季到来之前，用三个星期拿下英帕尔。可是日军大队人马必须渡过钦敦江，翻越险峻的阿拉坎和尼他明山脉。日军每人只带 20 天粮食，在无后援、无空投，背着 30 千克装备的情况下，在崇山峻岭、暗无天日的原始森林中跋涉，未到英帕尔，已在半路上饿、病死伤不少。而且英军早已得到日军进攻的情报，以逸待劳等待日军钻入事先布置好的铁阵，英军不但有坚固的圆筒形阵地，还有 1200 多架飞机等待轰炸来犯之敌。经过几个月的激烈拼杀，到 8 月日军全部退却时，入侵的日军 8 万 6 千多人战死 3 万多人，伤病死者 4 万 2 千多人，死伤率达 84%，印度傀儡兵和民工死亡人数还未统计在内。英帕尔之战，以日军彻底惨败而告终。

1943年11月日陆军飞行队为支援英帕尔作战，经常轰炸英印军阵地。可是，在强大的英空军和地上高射炮的反击下，损失惨重。1944年3月日军飞行队每日平均出动41架，到4月平均每日出动34架，5月28架，6月一共出动了3次。图为日军轰炸机飞向英帕尔，只有几架飞机。

日本北上的部队，即号称“弓”兵团，要攀登海拔3千多米的阿拉坎山脉，死在山路中的士兵很多。图为背着沉重水箱的给水部队在爬山。

印缅边境每年5—9月是雨季，降雨量达8000—9000毫米，一下便是倾盆大雨，道路变成河流，平地变成湖泊。士兵在密林里齐腰深的雨水中行进，还得躲避英军飞机的轰炸。“弓”兵团参谋向大本营发出的电报称：“进攻，没有弹药，且伤病和饥饿，部队没有战斗力……”

进攻英帕尔的日军部队，要背着30多千克的器材，躲避英军的炸弹，好不容易能发报通信，内容大体是“×××部玉碎”的情报。图为33师团的通信队在山涧里发报。

日军为了瓦解印度军，还组织了“鬼火宣传队”在前线通过扩音器用印度语向印度军喊话。

日军进攻英帕尔的途中最缺少的是食粮，每人只能带7天的食粮。图为被抓来的当地居民为日军运粮。

4月5日，日军31师团由北路迂回作战，占领了科西马镇。这个小镇只有3千多人，但它是连接迪马普尔的要冲。在紧要关头，印军161团赶来，稍后英军33军支援部队也赶来支援，双方激战十几天。日军在无坦克、大炮和飞机支援的情况下，陷于英印军的重重包围之中，只好突围撤退。图为协同作战的英印联军向日军阵地进攻。

图为接近科西马的英印部队。

英军渡过钦敦江追击日军。

1945 年 7 月 10 日，日本南方军下达全面撤退的命令。但是进攻难，撤退更难。残兵败将为了活命，将伤员病号统统扔下，各自逃命。正逢雨季，大雨瓢泼，河水猛涨，深山密林加上英印联军追击，河里漂着的，路旁躺着的，到处是日军发臭的尸体。因此，这条退路被称作“白骨道路”。图为追击日军的英印联军。

追击撤退的日军时，英印联军展开攻心宣传战，使用扩音器广播劝降书，以及日本歌曲《东京音头》、《宵待草》等。有时还广播日军高官的错误决定和腐败生活。图为正在喊话的英军。

英帕尔之战后，据日军统计，日军三个师团战死3万多人，加上病死和下落不明的人有4万多，共占总数的84%。图为被捕的日军俘虏。

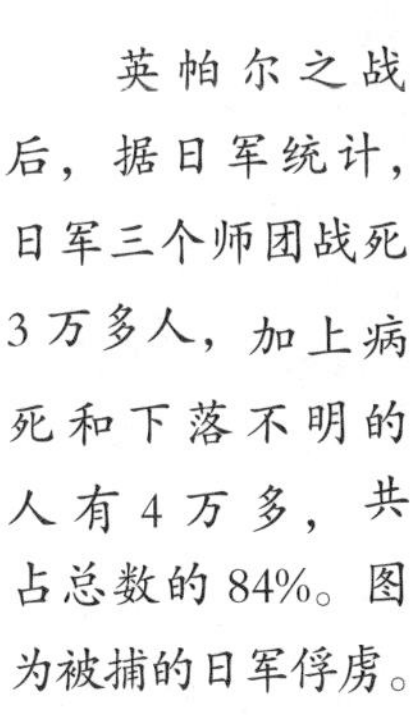

缅甸死斗

太平洋战争爆发后，日本成为美、英、中的共同敌人。1943 年美、英、中三国联军在缅甸开始了大反攻，太平洋方面美军的反攻渐渐占了上风。为了切断从缅甸西南沿岸到云南的援助中国的大动脉——滇缅公路，另一方面牵制美军在太平洋的攻势，日军与美、英、中三国在缅甸进行了死斗。

日军进攻缅甸，梦想切断援中通路，其实是掉入了一个陷阱——西方有英印军，东方有中美军，对日军形成夹击攻势，其失败是必然的。图为在云南腾越基地的美 B-25 型轰炸机。

图为 1945 年 1 月开通的援中通路，公路上是满载援中物资的汽车队。

中国远征军英勇善战，冒着大雨挖掘坑道，对腾越的日守备队猛烈攻击，日军死伤众多，退出腾越。图为腾越的龙云塑像。

当时腾越人口约4万，是云南省的边区贸易中心，图为腾越集市情景。

1944年4月4日，美国总统罗斯福向中国提出要求，让中国军队越过怒江，攻击缅甸的日军，5月11日，中国远征军16个师约7万2千人进入缅甸，开始反攻日军，日本军队只有第56师团。到9月，中国远征军收复了不少失地。中国第20集团军4万9千人，向守备腾越的日本守军步兵第148联队进攻，一日之间两万炮弹猛轰，日军被全体歼灭。图为中国远征军冲入腾越市街。

在高山密林中艰难行军的中国远征军。

中国远征军在怒江一带向日军56师团发起猛攻。

在怒江战场上美、中、英军官联合指挥进攻。

怒江上的惠通桥是滇缅公路的要冲，1942 年 5 月第一次中国远征军撤退时将其炸毁，1944 年 5 月又由中国远征军修复。图为日军飞机投弹企图炸毁惠通桥。

怒江地处海拔 3 千米的高原，河流湍急，中国远征军利用橡皮舟渡河。

冲进腾越城的中国远征军。

5月11日中国远征军攻入腾越城，歼灭日守备队70多人。图为炮击后的市街惨景。

腾越城墙下日军的尸体，经雨淋日晒，已成一堆发臭的白骨。

8月20日腾越日军守备队给上级的电文称："最渴望的是空投手榴弹和食品。"图为碉堡内的日军尸体。

腾越大街上的中国远征军伤兵在等待救护。

中国远征军捕获的日军俘虏，在送往宝山、昆明的途中，由于伤重和缺医少药而死在路上的人不少。

图片中左第二人为中国远征军司令卫立煌上将。

腾越收复后，城中日军慰安所的朝鲜慰安妇逃到山林中，被中国远征军送到收容所，战后由朝鲜人民军带回了朝鲜。

位于怒江西岸的高黎贡山脉，海拔3500米，气候多变，雨雾雪交替变换。1944年中日两军在此山恶战，双方都被坏天气和供应不足所困扰。图为在山中行进的日军56师团部队。

1943年3月，准备反击中国远征军的日军56师团主力中村大队，在高黎贡山上疲劳不堪，坐地休息。

中国远征军第20集团军、第11集团军分别于5月11日、6月1日从腾越、龙陵方面开始反攻，使日军第56师团各地的守备军陷于孤立，5—7月之间，日军战死8000人。图为打旗语的日军。

由于缺少补给而利用竹签构筑阵地的日军士兵。

由于地形不熟，日军的突击队向缅甸当地妇女询问路径。

在崎岖山路中转移的日军残兵败将。

在缅甸北部，日军18师团与卫立煌指挥的中国远征军交战，经过半年多的战斗，日18师团战死3200人，伤病1800人。

中国远征军新22师于1944年3月5日攻克孟关，稍后与38师会师，攻占日军18师团所在地瓦鲁班。中国远征军在激战中突袭18师团司令部，缴获了日军18师团发布命令的关防大印，这是抗战8年期间唯一的一次。图为坐着吉普车追击日军的中国远征军。

1944年4月中国远征军与美军联合进攻密支那，这时中国入缅部队已达5个师，为便于指挥，将新一军扩编为新一军和新六军。新一军军长是孙立人，新六军军长廖耀湘。由于印缅边境道路险峻，远征军便组织了大象运输队。

戴着防蚊面罩的中国远征军在追击日18师团部队。

1944年，中美联合军进攻密支那的部队。

1944年5月17日，美军挺进队一举占领了密支那郊外的飞机场，图为日军机场守备队员的尸体。

图为攻击日军的美军炮兵部队。

美中军队包围密支那后，正赶上雨季，在空中补给困难的情况下与日军苦战，图为中国新编第一军。

日33军在7月曾给被围的水上少将下达死守密支那的命令，但8月1日日军水上少将自杀，少数人弃城逃走。图为进入密支那的中国远征军看到的满地发臭的日军尸体。

美军野战医院医护人员为围攻密支那的美中部队伤员治疗。守备密支那的日军除五六十人逃走外，其余全部被歼。

远征军经过血战，于1944年11月3日攻克龙陵，20日攻克芒市，12月1日攻克蔗放，1945年1月收复畹町。图为中国远征军的坦克部队。

到1944年12月，在中、英、美联合军的大反攻下，日军在云南、缅北、印缅战线上节节败退，在缅甸全境的日军战死、负伤加上下落不明的人总数约16万人。图为英军第36师团部队向曼德勒进军。

1945年3月英印联军连续炮轰曼德勒，3月19日日军撤退。图为在炮火轰击下的曼德勒市街。

英印联军与日军67联队经过几天血战，日军死伤惨重。图为曼德勒市街上的日军尸体。

据美军调查，1944 年 7 月之前，日军主动和被动投降的占 28%，在伤病状态下投降的占 69%，被俘后的人有 75% 希望死。图为在缅甸向美军投降的日军。

缅甸西南拉姆莱岛，1945 年 1 月 26 日英印联军登陆，经过半个月激战，日军猪股守备队长和大部分士兵战死。

1945年3月27日，原来帮助日军的缅甸国防军约1万人，由昂山带领，高举“为祖国独立而战”的旗帜，反转枪口对日军作战。图为向日军进攻的缅甸国防军。

1945年4月23日，英印联军进攻兰贡（现仰光）。图为英军猛烈轰炸兰贡市街。

英印联军经过3年两个月苦战，终于光复了仰光。日28军的3.4万人中被歼1.5万多人。图为进军仰光的英印联军。

日本侵占缅甸后，强迫几万民工和战俘修筑了泰缅铁路，致使6万人在饥饿和超强劳动中死亡。由于英军常派飞机轰炸泰缅铁路，通车后只有三天是全线安全畅通的。1943年之后，日军白天常常挨炸，三天两头抢修铁路，只好晚上夜里开车通行。图为泰缅铁路被炸的情形。

侵缅日军第15军残部于1945年7月沿泰缅铁路仓皇逃出缅甸，到了泰国归入18集团军。日军在缅甸总人数为30万3500余人，战死18万5000多人。图为英军轰炸下的泰缅铁路。

逃出缅甸北部的日本残兵败将。

1945 年 1 月 27 日滇缅公路重新开通。

轰炸阿留申群岛

美军攻占阿留申群岛是为了消除阿拉斯加面临的日军攻击的威胁，1943年5月11日，美军一个师在54艘舰船、250架飞机的支援下，进攻阿留申群岛中的阿图岛，经激战后击溃守岛日军，30日全歼守岛日军，收复该岛。阿留申群岛中的基斯卡岛的日军慑于美军的兵力优势，于7月29日撤离该岛。8月15日，美军顺利登陆，一度被日军侵占的阿留申群岛全部收复，从而消除了日军对阿拉斯加的威胁。这次攻防战歼灭日军3000人，击沉击伤日军舰艇12艘。

日军为了掩盖攻击中途岛的意图，于1942年6月4—5日对美国的阿留申岛、乌纳拉斯卡岛的海港进行大轰炸。

荷兰港位于阿留申岛东北，是一个海港城市，也是美海军基地。1942 年 6 月 4 日日军飞机从航母“飞龙”号起飞，分三路对该岛上的兵营、仓库、油库、发电厂等实施了大轰炸。

6 月 5 日，日本空军从航母“龙骧”号和“隼鹰”号上派出 26 架飞机，对荷兰港进行第三次大轰炸。

被日军炸毁的荷兰港仓库。

荷兰港被炸毁的电报电话所，冒起了黑烟。

被日军轰炸的美军兵营。

在荷兰港的美军炮兵阵地。

美军在阿拉斯加岛东边的科迪亚克岛上的防御工事。

美军登陆前，先进行猛烈的炮击，然后利用新型的水陆两用坦克运送美军登陆。图为在纳穆岛准备突击登岛的美军陆战队。

日军深受“武士道”精神的熏染，大多数在战场上拒不投降。美军只好开枪击毙他们。

阿图岛位于阿留申群岛西端，本来是美国的领土，成年风雪飞舞，冰天雪地，大雾弥漫，几乎无人居住。日本担心美军在岛上建设机场，就近攻击日本，因此，于1942年6月5日占领了阿图岛，当时岛上只有42名当地居民和两个美国人。图为日军在岛上升旗，守备该岛的是日海军第三特别陆战队1300多名士兵。

1942年11月，日军在阿图岛海滨修筑的工事。图为日北海守备队司令在视察工事，半年后全岛日军覆没。

5月12日，浓雾弥漫，美军的1500多名士兵分三面顺利登岛，在飞机和大炮支援下，与日军展开了十来天的殊死战斗。2463名日军除被俘虏29名外，其余全部战死。图为散乱的日军尸体。

在阿图岛被俘的29名日军士兵，都穿着破破烂烂的衣服被送到阿图岛附近的阿塔克岛上的收容所，治好伤后又送到美国的西雅图，都得到了妥善安排。

阿图岛日军惨败后，驻守基斯卡岛的日军已成瓮中之鳖，为避免像阿图岛守军那样全军覆没，决定撤退。7月初曾组织三次撤退，图为目送执行撤退任务的潜水艇的日军。

7 月 29 日下午 1 点 30 分，日军第五舰队司令何野中郎中将亲自指挥撤退。在第一水雷战队木村昌福少将的支援下，乘海面上大雾弥漫之际，只用了 47 分钟就将基斯卡岛上的 5 千多人完全撤离，这是在美军眼皮底下短时间内的成功撤退。

四　美军清扫太平洋诸岛

关岛之战

关岛是太平洋马里亚纳群岛南部的岛屿，而积 549 平方千米，是海、空交通要塞，战略地位十分重要，属于美国的领土，第一次世界大战后，由日本代管。1941 年 12 月 10 日，日军南海支队占领了关岛，关岛与塞班岛、提尼安岛成为保卫日本领土的重要门户。为了防御美军的攻击，1944 年 3 月，日第 29 师团的主力进驻关岛，陆海军一共 20818 人，由高品彪中将指挥。1944 年 7 月 21 日早晨 7 点半，美军两个师团强行登陆，战斗持续一周，攻岛美军部队共计 5.5 万人。28 日高品彪师团长战死，残余日军由小烟军司令指挥，战斗结束时 2 万多日军只剩下 1200 多人。

美军占领了塞班岛之后，挥师南下，开始攻击关岛。6 月下旬到 7 月中旬，美军出动 5500 架飞机轰炸，舰炮发射 1.8 万发炮弹。图为美军舰炮一齐发射。

日31军司令官小畑6月21日来到关岛，再想返回塞班岛已不可能，只好在关岛指挥作战。图为弹如雨下的关岛阿卡尼亚市街。

美军第一临时海军旅团乘水陆两用战车在关岛昭和湾强行登陆。

美军登陆之前，飞机超低空轰炸日军阵地，炸死不少守军，仅7月19日这天，美军飞机在关岛投弹就达700吨，发射火箭147枚，7月21日登陆之前，美舰炮又轮番轰击。图为登陆后美军桥头堡阵地。

到7月21日傍晚，守岛日军和防御工事80%被毁，同日深夜第38联队长率领残兵，突入美军海岸桥头堡。结果，在美军强大炮火打击下，全体覆灭。图为美军的火焰喷射器喷射的火焰，把树木也烧尽。

7月22日美军海上预备队第77师团登上关岛，日军用70%的兵力来正面迎击美军。可是不到三天，几乎全军覆灭，各队军官也相继战死。23日，日军作出“玉碎”决定，进行自杀性反击，美军每天只能前进200—300米。图为进攻中的美军。

日31军司令官小畑于7月24日给大本营发出诀别电报：美军以压倒性的优势进攻，已无挽回之力，决定“玉碎”。25日深夜，日军发动了最后一次反击，仍被美军打退，残敌逃往山区。图为美军在关岛阿卡尼亚市街战斗。

7 月 28 日高品彪师团长战死，小畑司令官于 8 月 11 日亲自率领 800 名日军在关岛北部的依高附近与美军战车群激战，失败后自杀，之后全岛残余日军 2500 人跑到密林中。图为美军战车队围攻日军最后的据点。

在关岛上的 150 名日本居民，男性被编入“拔刀队”，参加战斗而死，50 名女性被美军解救。图为美军给被收容的妇女发衣服。

居住在关岛的少数民族查莫罗族有24000人，因关岛属美国领土，所以大家都有排日心理，其中有1000人参加了美军。图为被解救的居民在洗浴。

关岛之战，日军约有19135人战死，占总兵力的90%，被俘1250人；美军54891人中战死1290人，伤5648人。日本人只占领了关岛两年零8个月，此后关岛又归入美国。图为被炸毁的日军29师团司令部通信队的地下室。

马里亚纳海战

马里亚纳群岛位于东京南面1000多海里，是日本划定的“绝对国防圈”，守卫日本本土的关键门户。随着美军节节胜利，日军步步败退，身为首相兼陆相的东条英机，急于扭转战局，于1944年5月下旬，制定了在马里亚纳群岛歼灭美军主力舰队的作战计划。1944年4月上旬，美军在米歇尔中将率领下，带领近百艘各种战舰、1300多架飞机，浩浩荡荡，以排山倒海之势涌向马里亚纳岛海域。

守岛日军的力量也相当强，由小泽治三郎海军中将指挥的第一机动舰队，由栗田海军中将率领的第二舰队，第三航空战队，还有小泽率领的第一航空战队和第二航空战队，仅飞机就有430架。

历时两天的马里亚纳海空大战，日军3艘航母被击沉，4艘受伤，战列舰、巡洋舰各1艘、潜艇和水艇共27艘被击沉，舰载机损失290架，基地飞机140架。美军损伤航母2艘，战列舰2艘，重巡洋舰、驱逐舰各1艘，飞机损伤94架。马里亚纳海空战，日军惨败，使日本联合舰队失去了有组织的作战能力，海军航空部队也是名存实亡。

1944年6月19日上午7点半，日军第一波出动69架飞机，企图轰炸美军舰队，在距离美舰150海里处，已被美舰上的雷达探到，美军立即出动300架舰载机腾空迎击，打掉41架日机。图为美机轰炸日军小泽舰队。

日军新型航母“大凤”号和“祥鹤”号于6月19日被美军潜水艇击沉。20日“飞鹰”号被美军飞机击沉。

为了支援马里亚纳海空战，日军大本营将远在中国东北的第 14 师团调来，但是无法进驻马里亚纳岛，不得不转到巴拉奥岛，不过美军没有进攻该岛。图为被美军轰炸后的沃莱艾环礁。

安卡乌尔岛的日本守军是步兵第 59 联队的第一大队和炮兵第一中队。6 月 17 日，美军数十艘舟艇开始登陆作战，因受到日军阻击，直到 19 日才登陆成功，并建立了桥头堡。图为登陆的美军陆战队士兵。

美军使用固体燃烧弹将岛上的密林烧光，守岛日军四散逃窜。

到 1944 年 7 月 16 日，安卡乌尔岛上的日军已损失一半。登陆的美军分出一部分支援贝留岛的美军陆战队。日军躲藏到磷矿废坑内顽抗，美军使用黄色炸药逐个炸毁坑堡。

守备贝留岛的日军拼死抵抗，到11月8日一共收到天皇、南方军司令官、联合舰队司令官8次激励电报。但是光有空头奖励，没有实质性支援，到10月底守军只剩下500人了。9月23日日守军向美军占领的机场反击，遭到失败。

美军于11月27日进行扫荡搜索之后，宣布结束战斗。但是，由日军顽固的法西斯分子山口永少尉带领的34名士兵，坚持了两年多游击战，直到1947年4月21日才投降。图为被绑着双手的日军俘虏。

赤身裸体的日军俘虏等待领取美军发放的衣服，这时狂妄的日军也不顾什么尊严了。

安卡乌尔岛日本守军的兵力是美军攻岛兵力的十分之一。到 10 月 19 日，岛上日军几乎全部覆灭，包括贝留岛的日军，共战死 1 万多人。图为美军在日军建造的神社入口处谈笑。

为了加强菲律宾外围防卫战，1943年6月日军着手建设哈马黑拉岛的基地，一年之后在此集中了陆军4万多人，准备与美军决战。可是美军采取“蛙跳战术”，根本不理会哈马黑拉，而是跳过它去奇袭莫洛泰岛。图为在哈马黑拉的日军飞机场。

日本将哈马黑拉岛改名为“春岛”，直至战后，美军也未攻岛。为了孤立它，轰炸机常常光临，封锁海面并轰炸日军基地。图为日军守备机场的部队。

哈马黑拉岛的日军，是从中国战线调来的第 32 师团和海军第 26 特别根据地队的 4 万余人。因为失去制海制空权，无法运输给养，官兵们只好自找食物。野鹿、野猪、蛇蟒成为主要食物，捕获不到食物，就只好吃野菜度日。

1944 年 9 月 15 日，美军在攻占莫洛泰岛的同时，美战机、轰炸机对哈马黑拉岛上的瓦延利地区进行狂轰滥炸。

9 月 15 日美第 31 步兵师和一个团对莫洛泰岛进行了两个小时的炮击，然后在岛的南部奇袭登陆。

新几内亚岛西面的塞兰岛的安汶（安波那）是日本19军和第四南遣舰队司令部所在地。1945年2月又成为第5师团司令部所在地。图为该岛东北部的储油所遭到美军炮击而燃起大火。

失去制空权的日军，只有挨炸的份儿。图为美机于1944年10月对塞兰岛进行轰炸。

美军进攻莱特岛的部队由734艘舰船组成，海军中将金凯德指挥的第七舰队提供海空支援。图为被炸的日驱逐舰。

10 月 22 日，日南方军总司令部决定进行“捷”1 号作战，把主战场从吕宋岛转到莱特岛，命令 14 方面军在莱特海岸歼灭美军主力。图为在奥尔莫克登陆的日军增援部队。

美军登陆莱特岛时，日第 14 方面军 13 万兵力分布在吕宋岛周围的 12 个岛上，莱特岛只有 35 军的守备队。图为美登陆部队反击日增援部队。

日军伤病后，最好的待遇只是喝上一口水。莱特岛作战，日军战死5.6万人，美军战死3500人。

逃入密林中的日35军第1师团的士兵在密林中度日如年。

日军在没有制海权制空权的孤岛上投入巨大兵力，来对抗强大的美军，结果只能是覆灭。图为全军覆没的35军第1师团的卫生队员生前的合影。

麦克阿瑟重返菲律宾

美军在吕宋岛的登陆部队被称为有史以来规模最大的攻岛登陆部队，共有大小舰船 850 艘，布满了海岸线。美国陆军第六集团军两个军 4 个师于 1945 年 1 月 6 日到达碧瑶。9 日，5 万多勇士开始在仁牙因湾登陆，组成一个 4 英里长的延伸桥头堡。

日军防守吕宋岛的陆军第 14 方面军共有 9 个师，28 万人，海军两万多人。第 14 方面军司令由山下奉文大将担任。日本防守吕宋岛的陆海军人数虽有 30 万，但武器弹药不足。面对排山倒海般攻来的盟军，山下主张宣布马尼拉为无防卫城市而退出马尼拉。他把 28 万多人分为三个集团：一个是尚武集团，防守北方据点，共有十五万多人。第二个是振武集团，防守吕宋岛中南部，共有十多万人。第三个是建武集团，防守克拉克以西地带，共有三万多人。

山下奉文打算退出马尼拉的方案遭到日本西南方面舰队司令长官三川军一中将和第 4 航空军司令富永恭次中将的强烈反对，要求由海军独自防卫马尼拉。经过争论，最后决定马尼拉市区内的海军防卫部队由岩渊三次少将指挥，共有两万余名。马尼拉东侧由振武集团 10 万人据守，马尼拉西侧由建武集团 3 万人据守，两军互相呼应。

麦克阿瑟夺取吕宋岛的计划是：主攻部队第 1 军和第 14 军在林加延海湾登陆，少量部队在苏比克海湾的海岸和马尼拉湾南面的纳苏格布海岸登陆，以便封锁巴坦半岛和科雷吉多尔岛，并准备从马尼拉的后方或南方闪电进攻，夺取马尼拉。

1 月 9 日上午 9 时 30 分，第 1 军和第 14 军在仁牙因湾登陆，没有遭到激烈抵抗，迅速向内陆推进，扩大战果。

哈尔西指挥的第三舰队驶进日本海军防守的水域，击沉日本44艘舰船，击毁一百余架飞机。日本空军出动“神风特攻队”自杀飞机，在仁牙因湾击中美军14艘舰船，包括1艘小型航空母舰。

从9日到18日，日本“神风特攻队”飞机连续袭击美舰，共击中43艘，其中击沉4艘，重创18艘。美军飞行员、陆海军士兵共738名阵亡，约1400人受伤。

1945年1月18日，美第14军攻占克拉克机场。19日美第11军三万余人和日军在曼努埃尔附近展开激烈的坦克战。1月29日，美第38师在巴坦半岛以北圣安东尼奥登陆。1月31日，美第11空降师在齐格扎格隘口西面60英里的纳苏格布着陆。此时，日军第23师团、第103师团、第19师团、战车第2师团、第58旅团已全部被包围，激战后，除一部分投降外，其余全部战死。

岩渊海军少将，指挥17000名海军防守部队和4000名陆军殊死抵抗，马尼拉城北大片市区陷入火海。2月7日，美军占领了市区。麦克阿瑟元帅首先到托马斯大学关押盟军战俘的集中营看望战俘，一个战俘动情地对元帅说：“你终于回来了！”麦帅回答：“我回来晚了，但我们终于回来了！”2月26日，岩渊少将在设在农商部的防卫司令部自杀。3月2日，美军摧毁特拉穆罗斯城堡里最后一小股日军的抵抗，马尼拉攻防战结束。

2月16日，美军在进攻马尼拉的同时，第503步兵师的空降部队在科雷吉多尔空降，经过激战，日军全部被歼灭。

在菲律宾群岛的攻防战中，日本海军主力基本被歼灭。莱特岛日军战败，马尼拉被美军攻陷。山下奉文大将想在吕宋岛上展开持久战，拖住美军主力，给日本本土防卫造成有利的条件。当马尼拉市的日军被击溃后，日军仍企图进入山地负隅顽抗。

5月8日开始，美军3个师向马尼拉东方南部地区和山丘地带进攻。这个地区，日军有八万余人防守，美军于5月8日和15日发动两次总攻击，战斗非常激烈。进入6月，日军大败溃逃，大批部队逃到深山野林中，惨状可想而知，战死、病死、饿死甚多。到日本投降时，只剩下6000人在苟延残喘。

盘踞吕宋岛北部山区的日军第14方面军也经常受到美军攻击，伤亡甚众。该军只好步步后撤，到山涧密林地带喘息。那里没有一粒米，日军把那里能够找到的蛇、野鼠、蜗牛等可吃的东西全都吃干净了，最后残余仅一千余人，其余29000人饿死。

横山中将指挥的振武集团，80000人中有73000人饿死或病死。比较幸运的是山下奉文指挥的尚武集团，最多时共有 170000 万人，到 8 月 15 日投降时，活着的还有 55000 人。

由于日美航空力量的悬殊，为了拼死一搏，刚刚上任不久的航空舰队司令大西龙治郎，于 1944 年 10 月 20 日下令组织“神风特攻队”，即惨无人道的“肉弹战术”，用自杀的方式冲击美军舰队。图为美大型航母“新列克星敦”号被日军“神风特攻队”飞机炸毁。

菲律宾攻防战中，日军海军特攻队一共出动飞机 447 架，陆军出动特攻队飞机 202 架。图为 12 月 15 日日军特攻队撞击美海军运输船的情况。

在莱特岛攻防战中，日军受重创。为了在吕宋岛打持久战，日本急忙从中国东北、华北抽调来部队扩充第 14 方面军，决心守卫吕宋岛。美军于 1945 年 1 月 9 日开始用了 3 天时间炮击轰炸，开始在林加延湾从三面登陆。日军企图用仅存的飞机轰炸美运兵船团。图为日空军出动前接受训话。

守备吕宋岛的日军共有 30 万人，而对强大的美军，山下奉文宣布马尼拉为非武装城市并退出马尼拉，但海军反对决定，由岩渊三次少将率领的两万多海军守卫马尼拉市区，方面军司令部退入深山老林。图为在洞窟中工作的通信队。

美军吕宋岛登陆部队的大小舰艇共850艘，分布海岸线上，威武壮观。守岛日军向大本营发报：“美舰只看见头看不见尾……”

美军由5个师团组成的第6军主力，1945年1月11日在坦克重炮的支援下开始追击日军。日军23师团组织几次突击队反扑，均被美军打退。图为向内地进击的美军。

山下奉文为了反击登陆美军，将坦克第21师团和第3旅团调入第23师团，1月16日发起反攻。图为美军搜索藏在山林中的日军。

1945年1月末，美军3个师团在帕达恩半岛登陆，这样对中部平原形成了南北夹击之势。日第14方面军让23师团、58师团向后撤退。图为撤退之前被杀死的重伤兵。

美军空降部队于 1 月 16 日在高莱比特尔岛空降 2000 余人，并迅速攻占了日军守备队司令部。

同时登岛的美陆军占领了马林达高地，和空降部队一起将日军守备队分割成东西两段。1 月 17 日，日军板恒昂大佐战死。图为向马林达高地进攻的美军。

科雷吉多尔岛是保卫马尼拉的要塞，日军守备队将马林达的隧道炸毁，乘着混乱状态，日军突击队进行了反扑。除19人当了俘虏外，其余全部战死。图为美军占领该岛后的情景。

守卫马尼拉的日军一共有1万多人，以海军岩渊三次少将指挥的第31特别根据地队为主力，此外还有一部分残兵败将。图为美空军轰炸马尼拉的日军据点。

日军拒不投降，逃窜到深山岩洞中顽抗，科雷吉多尔岛上的日军在 2 月 26 日才基本肃清。美军打扫战场时，共发现 4500 多具日军尸体，另有 500 多人被炸塌的岩石埋葬。日军建武集团的 3 万人，最后仅剩 1500 名。美军也伤亡 1000 多人。图为美军对日军俘虏搜身。

图为塞布岛上日军基地瞭望所的士兵在 1945 年元旦的合影，身后的指挥所已被美军炸成了空架子。合影时，残存架上仍有 4 个人在工作，到最后这批人只剩下 4 个。

美军扫荡作战相当顺利，3月18日帕那依被攻占。图为美军扫荡部队4月16日在可达巴托登陆的情景。

日军在马尼拉中心市街构筑的防御工事。日军明知守不住，所以情绪十分低落。

为了营救3年前被俘的盟军，麦克阿瑟元帅从美军骑兵第1师里选拔了优秀人才，组成两个“快速挺进部队”，这支特殊部队在蔡斯准将指挥下，一路横冲直撞，于2月3日19时进入马尼拉市区。图为美挺进队与仓皇应战的日军交火。

美军“快速挺进部队”在菲律宾游击队协助下，在马尼拉大街上勇猛疾驰，冲到了关押美军战俘的大学，破门而入，迅速救出了1500名盟军战俘。日军的通信设备被破坏，未接到撤退命令，还在市街内死守。图为市内的日军山炮阵地。

美军快速突击部队，向马尼拉急速挺进。

日军拟在吕宋岛坚持持久战的计划，随着美军的强势进攻而告失败。日军节节败退，最后逃入深山老林，并将兵站的物资往山里运输。图为美军以降落伞炸弹炸日军的运输车队。

美军第14军担任了主攻马尼拉的任务。2月2日，美军两个师团进入市区的北部。2月4日突击队救出了美军战俘。图为美军坦克攻入旧城。

在市内的日军由于分散，通信设备被破坏，各据点未接到撤退的命令，他们躲到旅馆、学校、医院、政府办公大楼里负隅顽抗。图为在河岸边对日军作战的美军士兵。

日军看到大势已去，守将岩渊三次少将于2月25日自杀。美军一处一处攻占日军的小据点，也付出了沉重的代价。图为美军从旧城内解救出来的教徒。

10月20日凌晨，美军运输舰进入莱特海湾。这一天，6万名美军以及10万吨物资登陆成功。麦克阿瑟元帅从旗舰上下来，趟着海水大步走到岸上。这是他兵败科雷吉多尔两年7个月后重返菲律宾。实现了他的诺言“我一定会回来！”他发表了广播演说：“菲律宾人民，我回来了……”

被解救的盟军战俘激动万分，向麦克阿瑟高喊："你回来了……"

2月7日，麦克阿瑟元帅到托马斯大学关押盟军战俘的集中营看望他们，一个战俘动情地对元帅说："你终于回来了！"麦帅回答："我回来晚了，但我们终于回来了！"

1944年10月打响菲律宾战役，经过9个月的艰难战斗，直到1945年7月4日麦克阿瑟正式宣布菲律宾战役结束。日军总数39万人中33万6千人战死，1万2千人被俘；美军30万人中阵亡1万4千人，伤4万8千人。麦克阿瑟元帅又回到了菲律宾，山下奉文投降后被判死刑。

硫磺岛血战——死火山活地狱

硫磺岛位于塞班岛与东京之间，战略地位非常重要，是守卫日本本土的绝对门户。岛上覆盖着火山喷发而造成的硫磺层，该岛因此而得名。美机从塞班岛起飞去轰炸东京，需经过硫磺岛，如美军拿下了硫磺岛，便可自由往复去东京轰炸，所以美军志在必得。

进攻硫磺岛的美军近 7 万人，日本守军是 23388 人。美军登陆之前，共出动飞机 3400 架次，总投弹量 6800 吨，舰上各种大炮发射了近 3 万发，连岛上的树木都炸光了。1945 年 2 月 17 日美军在该岛翁浜海岸开始攻击，准备登陆，受到日军炮火猛烈反击，美舰多艘受伤，人员也伤亡不少。日军暴露了炮台位置，美军集中舰炮和飞机轰炸，把岛上日军炮位炸光，人员也炸死 70%，日军只好转入地下洞穴阵地顽抗。于是美军便逐洞攻占，日军坚决不投降，美军使用了含白磷的手榴弹、烟幕弹、火焰喷射器，还用炸药和推土机封压洞口等手段。硫磺岛攻守战历时 38 天，日军死亡 2 万 2000 名，被俘 1000 名；美军阵亡 6800 名，负伤 19000 名。日军司令栗林忠道中将（死后被天皇追封为大将）于 3 月 27 日在战壕洞口剖腹自杀未遂，由中根参谋用军刀将他砍死，中根自己也开枪自杀。在小小的岛屿上（不到三十平方公里）双方战死如此之多，可见这场争夺战是多么激烈残酷。

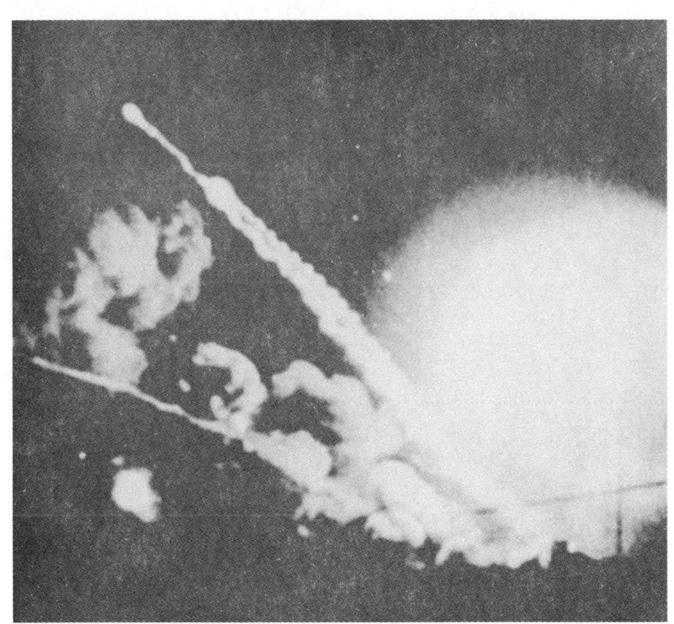

1945年2月17日，500多艘美军各种战舰包围了硫磺岛，以舰炮和100多架飞机，对硫磺岛实施轰炸。

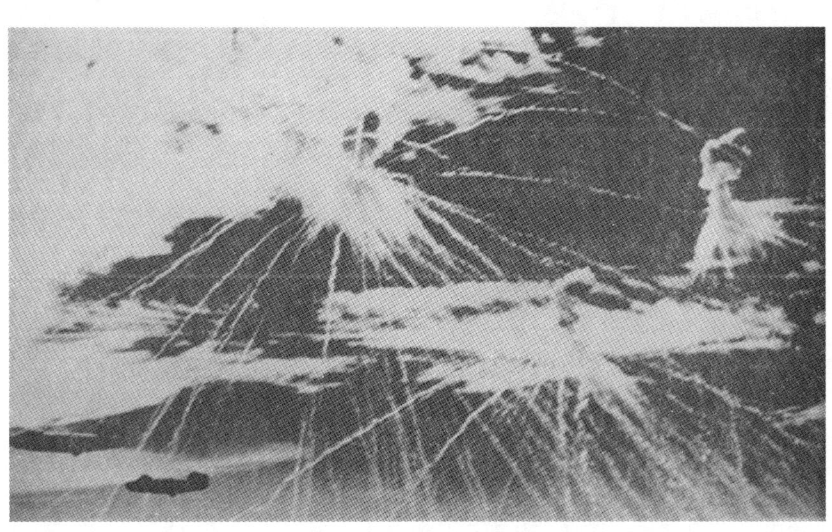

激烈的炮击战，导致美军重巡洋舰和驱逐舰各一艘，以及12艘炮舰受伤，人员伤亡200多人。

2月19日凌晨6点，美军开始炮击日军阵地两个小时，舰船200多艘、水陆两用装甲车500多辆，海军陆战队共61000人像猛虎下山一样，攻占了仅有三十多平方公里的小岛，这在战争史上是十分罕见的。图为日军西竹一中佐带领坦克队迎击上岸的美军。

岛上死火山折钵山海拔160米，日军在山上驻有步兵2个中队，速射炮1个中队，以及火焰战车1个中队。在美军强大炮火的轰击下，日军战死大半。图为美军炮击下的折钵山。

2月20日美军发射4千发炮弹，对全岛进行又一轮轰炸，到中午美军占领了全岛飞机场。图为美军水陆两用战车进行强攻的情况。

日军为死守硫磺岛，构筑了复杂的洞窟阵地工事，共修建地下兵舍12.9千米，交通道3.2千米，储藏库1千米。沿着折钵山挖掘了6千米的坑道，弹药食粮最少能坚持50天。图为美军坦克向日军洞窟发射火焰弹。

19—20 日，日军守备队从地下洞窟跳出来突袭美军，但收效甚微。22 日风雨交加，美军对折钵山 7 处洞窟先行炮击，然后向洞内注入黄磷后引爆。日军全惨死洞中。

守在地下洞窟的日军喝着含硫磺的水，洞内温度接近摄氏 50 度，闻着充满硫磺味的空气，半数日军都病倒了。图为美军进攻部队。

2月23日，在飞机场，日美两军展开激战，美军推进极为缓慢，美军陆战二师1天只前进300米。图为美军火箭炮队。

1945年2月23日上午，美军海军陆战队3师28团2连哈罗德·希勒中尉率领的44人小分队，一路血战，用手榴弹和刺刀歼灭了沿途日军。上午10点30分，终于冲上了折钵山顶，艰难地插上了美国星条旗，由于旗小，后来又挂上一面更大的旗帜。

图中左一是摄影师乔·罗森塔尔，他拍下了那幅闻名世界的照片（即美军士兵在折钵山上竖起星条旗的著名照片），这幅照片曾获得了各种奖项，但作者则说：真正的英雄是海军陆战队，我只是拿下了一幅照片，但他们则拿下了一座硫磺岛……

硫磺岛东部的高地玉茗山被美军占领后，3月8日夜，日军第二旅团长千田少将亲自率领数百人，对美军占领的元山机场进行自杀性夜袭，结果全体覆灭。3月25日日军见大势已去，便烧毁了军旗，由栗林忠道中将率领残兵于凌晨发动自杀性攻击，失败后栗林忠道自杀。图为日军被歼灭的现场。

图为栗林忠道中将、大须贺、市丸少将，池田、高石菜大佐以及最后400名士兵藏身的山洞。他们3月25日夜袭美军，全体战死。

硫磺岛之战是太平洋战争中最残酷血腥的战斗之一，美军战死六千多人。图为美军给尸体喷洒防腐剂。

藏在山洞中的日军士兵出来向美军投降。

由野口岩军医大尉指挥的混成第二旅团野战医院的300多人，藏在玉茗山附近的地下洞窟中，由于洞口被炸出不来，到4月16日才被发现，全都成了俘虏。

提尼安岛之战

提尼安岛位于塞班岛南5千米处，面积98平方千米，东西长8千米，南北长20千米，岛内建有两个飞机场。岛上有1万7千人居住。日本海军第一航空舰队司令部设在此岛，司令官是角田觉治中将。1939年使用囚犯和从殖民地抓来的劳工，修建了东亚第一大飞机场（1945年8月6日在广岛投原子弹的飞机就是在这里起飞的）。守岛的日军有29师团步第50联队，第43师团一个大队，还有海军第56警备队，共计8千人，居民15700人和朝鲜人2700人都被编入军队中，与日军一起对美军作战。

1944年7月9日—24日，美军在塞班岛南部向提尼安岛发射了24536发炮弹。

美军在提尼安岛登陆之前，向岛上发射了 97 吨炮弹，还发射火箭 20 发。图为被轰炸下的提尼安岛。

日军认为美军会在东南海滩登陆，结果美军从西北面奇袭成功并立即建立了桥头堡。美军的输送船、登陆舟艇、水路两用坦克一共 967 只，可谓浩浩荡荡。

7 月 26 日—27 日，日本守军退到岛东北的洞窟中。图为美军在围堵日军山洞碉堡。

美军运送弹药的吉普车在岛北部的拉索高地行进。

美军用高音喇叭喊话，劝说残余日军投降。7 月 31 日，守岛的绪方联队长向关岛的小畑司令官发出了“玉碎”的诀别电报。

美军救出洞窟中的居民。

日军善于夜袭，可是美军有很强的照明灯，把黑夜照得如同白昼。日军的夜袭往往以失败告终。图为举手投降的日本兵。

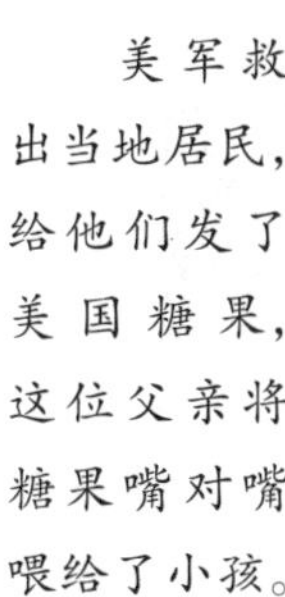

美军救出当地居民，给他们发了美国糖果，这位父亲将糖果嘴对嘴喂给了小孩。

战乱中逃难的孩子没吃没喝，美军将罐头送给饿坏了的小孩。美军在岛上收容了 12200 多人。

8 月 1 日美军宣布占领了提尼安岛，就在第二天绪方联队队长搜集了残兵和民间义勇军约 1000 人，向卡罗里纳兹高地的美军阵地突击，结果和角田中将一起战死。图为被美军燃烧弹烧焦了的尸体。

提尼安岛攻防战，一共进行了 9 天，日军战死 5000 多人，美军战死 389 人。图为美军在收拾散乱的日军尸体。

提尼安岛南部的山崖上有许多钟乳洞，日军将这些天然洞变成碉堡和物资储存仓库。图为美军正在洞中搜索残存的日军。

攻占塞班岛——“绝对国防圈”崩塌

塞班岛面积为 120 平方千米，距东京两千多公里，距小笠原岛 700 多公里。此岛战略地位十分重要，被称为日本绝对国防圈中最重要的门户，占领了塞班岛，美军重型轰炸机就可以从岛上直飞轰炸东京。因此，日本决心死守此岛。岛上陆军 27500 人，海军 15000 人，为补充兵力，还迫使岛上原住民 4000 多人和 21000 多冲绳人、朝鲜人参加战斗。

塞班岛海岸多为珊瑚礁，土质松软，地下水位高，时间紧促，资材不足。因此，日军的防御工事十分简易。

1945 年 6 月 12—13 日，美军两次派 600 架飞机，猛烈轰炸塞班岛上的港湾、飞机场、中心城镇，岛上一片火海，处处是弹坑。6 月 13 日上午，该岛周围的美军舰炮对日军海岸炮台、高炮阵地、物资仓库、战斗阵地万炮齐发，连击 3 天，连岛上的椰子林都炸没了。日军通信设施被炸毁，指挥机能失灵，岛上的守军人心惶惶，一片混乱。6 月 15 日清晨，美机向预定登陆地点进行密集大轰炸之后，美海军第二师团以水陆两用坦克为先导，部队乘登陆艇，一下子攻上了 8 个登陆滩。在 20 分钟之内，8 千多名海军登滩成功，后续部队跟进，共有 6 万 2 千多名美军、600 多辆两栖坦克登陆。日军虽然拼死抵抗，但是到 17 日晚，日军已经死伤一半以上。日军退到岛上的塔波乔山负隅顽抗，战斗十分激烈，被围在山洞工事里的日军没有饮水，靠吃树皮、野草、蜗牛生存。至 7 月 7 日晚只剩下了 3000 多人的日军发动自杀性攻击，一边喊“天皇万岁”一边往弹雨中冲击。日军守岛指挥官斋藤义次中将自杀后，另一个指挥官即偷袭珍珠港的联合舰队司令南云忠一中将也开枪自杀。

塞班岛战役，日本陆军和海军共战死 41000 名，2 万多非战斗人员中死亡 8000 多人。美军战死 2053 人，受伤及失踪 1.3 万多人。

6 月 15 日，美军在 20 分钟之内登陆 8 千人，紧接着 4 个半师全部登上塞班岛，共计 127571 人。日军守备总队人数为 43582 人。图为在美军猛烈炮击下，不得不趴在战壕里的日本兵。

跟着水陆两用战车进攻的美军士兵。

日军步兵136联队拼命抵抗，甚至进行了肉搏战，还是阻挡不住美军强大的攻势。6月15日下午，日军独立混成第47旅团长战死。图为美军一边挖掘简易掩体，一边向日军进攻。

塞班岛北部山地聚集了许多逃难居民，日军不允许他们到美军设置的避难所，命令他们集体自杀，用刺刀逼他们从悬崖上往海里跳，有的不愿意跳，全家大小抱在一起用手榴弹自杀，岛上2万多日本人、朝鲜人、冲绳人，当地卡那卡族人，一共1万多人惨死。

日军步兵第136联队、步兵18联队第1大队、坦克第9联队，加上横须贺海军陆战队，于6月17日凌晨，在斋藤师团长的指挥下，向登陆的美军疯狂反扑，但都被美军的强大火力和坦克车队轰退，死伤过半。图为在塞班岛西南查兰、卡诺登陆的美军。

6月16—19日，在激战中日军战车第9联队、独立工兵第7连队队长战死，并误传斋藤师团长也战死的消息，日军大乱，纷纷逃往山区。图为美军的火焰喷射战车向日军据点喷射，引起熊熊大火。

美军登陆第三天，日军残部退到塔波乔山坚守。1500 米高的塔波山地形复杂，日军凭借在山上修筑的洞窟阵地，负隅顽抗，给美军造成很大伤亡。经过几天激战，美军才于 6 月 25 日攻下塔波山。图为美机轰炸海边的日本运输船。

6 月 18 日，美军占领了塞班岛南端阿斯利特机场。26 日夜，那夫旦日军守备队独步 317 大队 500 人夜袭机场上的美军，结果全军覆没。图为美军察看日军尸体。

塞班岛上的美军搜索躲在山洞里的日军。

惨死在美军坦克前的日军士兵。

塔波山攻防战进行了7天，日军拼死抵抗，美军伤亡也很重。图为日军手握手榴弹从洞穴中走出，对面美军的冲锋枪同时开火，两人同时死去，真是生死瞬间。

美军从洞窟中救出幸存的小孩，他的父母是跳崖了，还是自杀了，无从知晓。

图为美军从洞窟中救出的母子。

美军登陆前，日军为了增加防守力量，将岛上18—45岁的男性都强征来与日军共同作战，女性和小孩都想藏到山洞，可是日本兵怕小孩哭，竟活活掐死婴儿。图为被日军残杀的母子。大约有8000—10000居民死于非命。

7 月 7 日傍晚，陆海军兵将、在乡军人、警防团员从地狱谷冲出，向美军阵地发起自杀性总攻击，一边高喊“天皇万岁”，一边发了疯似的向前冲，直至全部死亡殆尽。图为日军尸体堆。

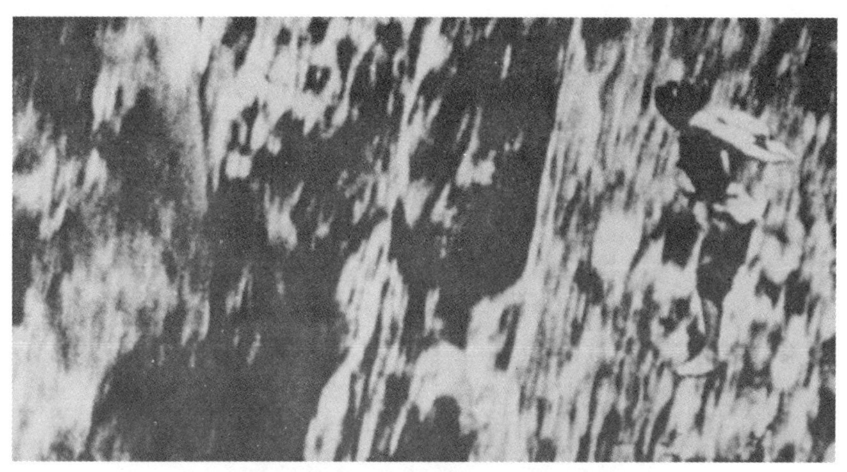

7 月 11 日塞班岛北部麻兹比岬上聚集许多居民，日军不允许他们到美军收容所去避难，强迫他们自杀、跳崖。人们向锯齿形状的礁石林立的海面跳下去，海滩礁石上挂满了尸体。有的人在悬崖半截挂在了崖石上，惨不忍睹，大约有 1000—1500 人跳了崖，连日军 31 军参谋长井桁也承认：“对两万多居民的处理实在心痛。”因为人们在跳崖时还得喊“天皇万岁”，所以这里被人们称为“万岁崖”。

美军察看崖下的死人情况。

7月5日，守备队接到全体“玉碎”的命令，新编的118、135、136各联队将队旗烧毁，7月7日晚发起自杀性攻击。图为日军俘虏向残存的日军喊话，劝其投降。

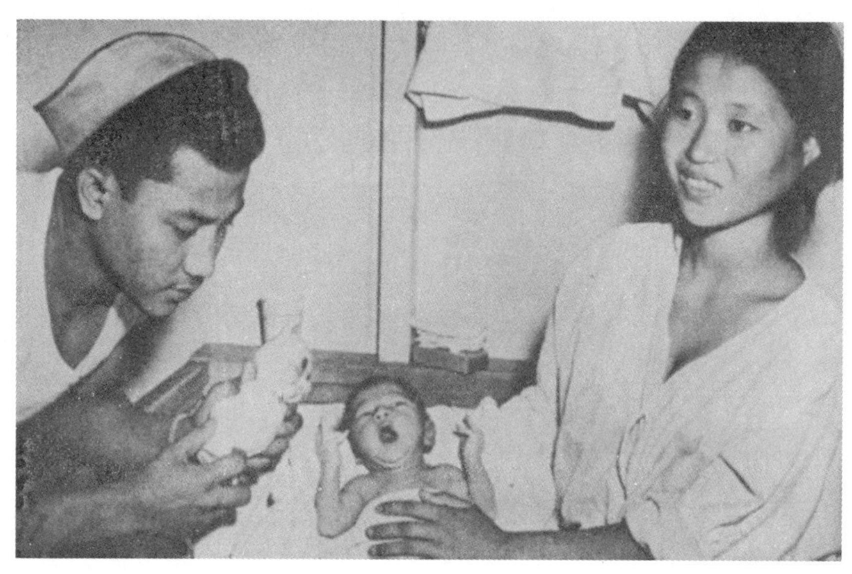

在美军收容所有3500多名居民，图为一个婴儿诞生了，得到美军医护人员的护理。

塞班岛攻防战中被击毙的日军尸体。

日军在塞班岛上的守军战死2万多人，只有极少数日军投降。

冲绳战役

硫磺岛日军守备队几乎全数被歼灭之后的第二天，美军首先在冲绳西的庆良间列岛登陆。冲绳从中国的隋朝始就称为琉球，是一个独立的国家，1871年，日本将琉球霸占为日本领土，改称冲绳县。冲绳列岛大小几十个岛屿，最大的就是冲绳本岛，如果说硫磺岛是守卫日本本土的大门，那么冲绳就是二门，是本土的防波堤。因此，日本决心死守。本想调部队支援冲绳，可是由于美军将冲绳四周的海面围了个严严实实，增兵无望。守岛的只有32军8万多人，人员不够，日军便将冲绳的居民组成防卫队和义勇队参加战斗，结果岛上居民白白死掉10万多人，日军战死6万6000多人，防卫队员3万多人战死。为了作垂死挣扎，日军组织了“特攻队员”驾机进行自杀性攻击，陆军特攻队员战死1千多人，海军特攻队员1500多人白白送命。美军在冲绳血战中一共动用了54万8千多兵力，2108架飞机，1300艘军舰。两个多月的冲绳战役，日军共死亡9万余人，被俘7400余人，岛上居民死亡10万多人，美军也伤亡7万多人。日军在冲绳可怕的拼死抵抗，也促使了美国使用原子弹的决心。

美军预测，如不用原子弹尽早结束战争，日本人决心以1亿人“玉碎”来守卫本土，那么美军至少也要牺牲一百多万人。

1945 年 3 月 26 日上午 9 点，美军第 77 师团在那霸西 30 多公里的庆良间列岛的座间味开始登陆。同时对渡嘉敖、庆留间、阿嘉等各岛猛烈进攻。3 月 31 日，美军在那霸西 10 公里的神山岛登陆，在座间味岛和渡嘉敖岛上的 700 多名居民被日军强迫集体自杀。图为登上庆留间岛的美军。

美军第 10 军司令官巴克纳中将命令，4 月 1 日 4 时 6 分开始登陆作战。图为准备登陆的美军舰队。

登陆后的美军装甲部队，遍地都是。

美军 4 月 2 日登岛后，说服居民，从密林藏身处走了出来。

在美军席卷冲绳中部、挥军南下之时，4月5—6日日军发起了“菊水作战”，从九州和台湾基地出动了355架自杀特攻飞机，对美航母奇袭。

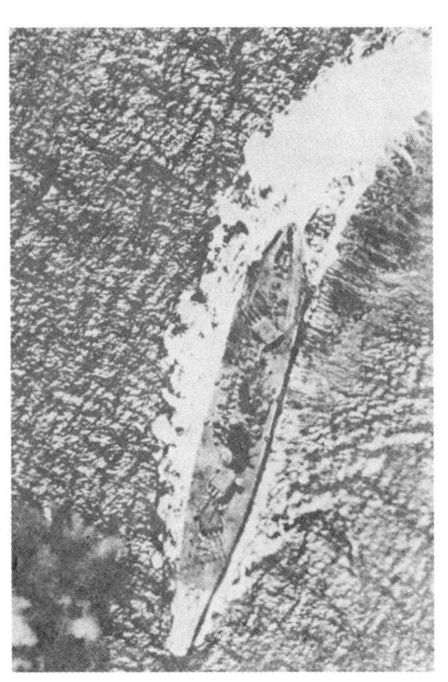

日军只装有单程燃料的战舰“大和号”和轻巡洋舰“矢矧”以及8艘驱逐舰，于4月6日从德岛港出发，准备搞自杀性特攻。可是在7日受到美军舰载机的猛攻，“大和”号和另外4艘被击沉。至此，不可一世的日本海军联合舰队土崩瓦解了。

4月12日，困兽犹斗的日军在长勇参谋长指挥下，第62师团22联队夜袭嘉数高地的美军，由于地形不熟，准备不足，很快被美军击退。图为美军引爆路上的地雷。

4月19日，美军舰上大炮和飞机对日军阵地实施了猛烈的大轰炸，使日军的大炮损失三分之一。图为美军在冲绳特有的龟甲墓口向藏在墓地里的日军喊话，命令他们投降。

4月21日和22日，日军出动了317架飞机，其中131架是“自杀特攻队”机，实施“菊水四号”作战。日军62师团在和宇庆、嘉数、牧港等地与美军激战。牛岛司令官又命24师团，独混44旅团投入第一线战斗。美军艰苦奋战，死伤甚多。图为美军使用火焰喷射弹攻击日军阵地。

图为首里西方52高地两军激战场。

4月24日双方激战后，美军深入到日军的首里防线。美军在日军炮火下，伤亡700多人，最终美军占领了蒲豆和天之线山地，粉碎了首里防线的外圈。5月4日牛岛满司令官又发动了一次有效的反攻，日军3个团拼死攻击，美军直到5月7日经过苦战才将这3个团歼灭。图为美军重新攻占了塔纳巴如山。

在梅雨季节，日美两军在52高地反复攻防，日军损伤太大，只好退入南部，4月29日美军开始进攻首里。图为被击毙的日军尸体。

美军于5月17日发起了对首里的总攻击，战斗异常激烈。到5月21日牛岛知道无力回天，于是率领残部向南撤至八重州岳山地。图为首里近郊战地的惨状，树木已炸光，到处是弹坑。

图为被日军“神风”自杀机撞碎的美军飞机。

坠毁后的日军飞机内部。美军在北飞机场收容了 69 具日军尸体。

在连天的大雨中，美军海军陆战队越过了安里川。5 月 22 日攻入那霸市，到 27 日几乎全部占领了该市。图为美军与日军在残墙断壁的楼房里展开巷战。

日军在首里前线修筑了复杂坚固的防卫战壕，美军只好一个一个攻破。图为美军向日军战壕进攻的情况。

退到南部山区阵地的日军，共有第24师团1.2万人，第62师团7千人。日军把避难居民从战壕山洞里赶出来白白送死。图为美军搜索藏在洞里的日军。

日军藏在山洞里，缺乏弹药、食粮和水，但仍不主动投降。图为美军往日军藏身的山洞里投手榴弹。

美军在山上洞窟工事前，搜捕日军，用日语向洞中喊“避难的居民、日本士兵，你们出来吧。允许你们去想去的地方，给你们衣服和食粮……”

美军在喊话的同时，散发了数万张用日语写的劝降传单。到了6月下旬，日军各战线阵地渐渐陷落，因为缺食品以及弹药，不少日军做出投降决定。图为走出山洞投降的日军。

小禄地区的守备队是日海军冲绳方面根据地队，当该部与登陆的美军第6海军师死斗时，指挥官大田实少将6月13日自杀，抵抗结束。图为日海军陆地地堡。

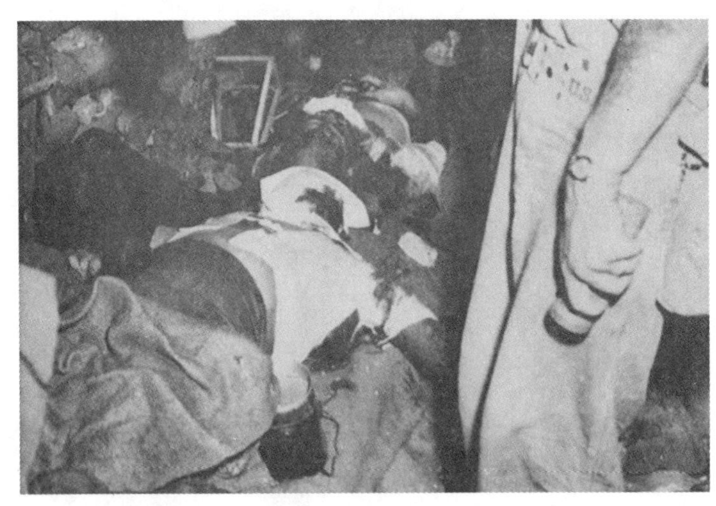

日军为了增强抗击美军的力量，强征学生当兵，这些学生都是十几岁的少年。拒不完全统计，有近两千名被当做炮灰白白送死。6月23日牛岛满司令和长勇参谋长自杀。图为二人自杀的场所。

从6月23日到30日，美军从冲绳南部一直攻击到那霸和那原，残存的日军战死8975人，被俘3808人。冲绳之战一共俘虏了7841人，打破了日军宁死不降的鬼话。图为打着白旗的日本投降兵。

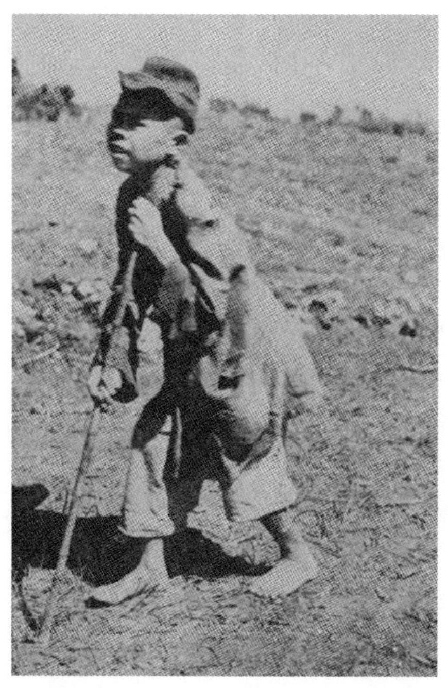

冲绳攻防战时，冲绳共有57万人。自杀的、被日军当做美军“间谍”而处死的以及被强征入伍后死于战乱的人，共有十多万人。图中的这个孩子父母已经双亡，他也受了轻伤，今后该如何生存？

这个浑身是泥的小孩，被美军救出后，给他一碗水，小孩马上一口气喝光了。日本政府在1945年3月，将冲绳的近10万老人儿童迁移到本土和台湾。

图为美军从日军山洞碉堡里救出的老妇人在吃美军的罐头食品，她已经几天没吃没喝了。她是第一次吃这么好吃的食品。（这个老妇人为了“自决”，还随身携带了三颗手榴弹）

一般居民都相信日军的恐吓宣传，不敢轻易从山洞中走出来。在美军用日语多次喊“出来吧”、“我们绝不杀害你们……”之后，才有大胆的居民带头走了出来。

在伊江岛上，勇敢的女教师带领儿童走出山洞后获救。

图为美海军向岛上居民了解情况。日军为了增加守卫兵力，在冲绳强征17—45岁的男性2.5万人入伍，还从女子中学高中生中强征了近两千名学生编成“百合”、“白梅”队，为日军当卫生兵。

4月5日在读谷村美军发布了“禁止敌对行为”的第1号布告。同日，美军收容了1500名居民，并给居民发放了食品。

图为被美军救出的居民，由伊江岛转移到渡嘉敷，有6个居民去劝说碉堡内的日军出来，却被日守军杀害了。

这位参加防卫团的教师和14岁的学生成为美军的俘虏。有1685名青年学生被强行编入“学生突击队”，结果有733名年轻生命被葬送了。

第一次见到美国大兵的日本妇人，深深地向他鞠躬致谢。县立第一女高中生543名被日军强征入伍，249人送了命，36教职员名被打死。

美军 77 师团 4 月 16 日从伊江岛西岸登陆，日军守备队 2700 名以及居民组成的义勇队与美军进行了激战。图为登陆的美军在燃烧的民居前冲锋。

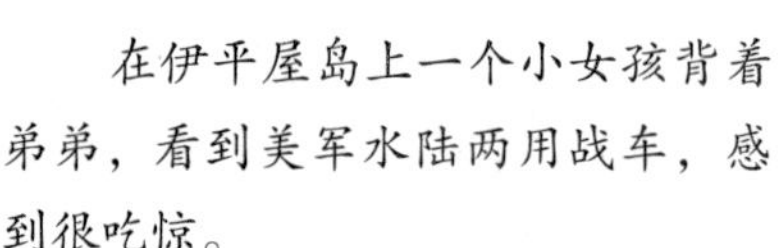

在伊平屋岛上一个小女孩背着弟弟，看到美军水陆两用战车，感到很吃惊。

4 月 22 日，为攻占伊江岛，美军死伤 1120 名，而日军和义勇队战死 4700 多人。图为登岛后的美军。

五　战争结束

轰炸日本

日军侵华和太平洋战争初、中期，疯狂的日军飞机对重庆、南京、武汉、广州、香港、新加坡、缅甸、菲律宾、夏威夷、珍珠港等地区，无差别地狂轰滥炸，多少生灵涂炭，多少建筑被毁，多少文物财宝被烧，一时难以准确统计。俗话说：恶有恶报，当罗斯福总统听说日军连续轰炸重庆，造成重大伤亡时，他说："重庆市民受的痛苦，也该让日本人尝尝。"

随着美军节节胜利，日本的制空权渐渐丧失。美空军从1944年6月15日开始轰炸日本北九州的军用工厂和重要的经济中心如炼钢厂、造船厂、飞机制造厂等。

1944年7月6日，美军攻占了塞班岛后，B-29型轰炸机可以自由往返轰炸日本了。

1944年11月，美军飞机先后13次轰炸东京武藏野飞机制造厂，此厂最盛时有职工4.5万人，飞机生产量占全日本的三分之一。同时，三菱飞机制造厂、川崎和立川的飞机厂也被轰炸。

从1945年元旦开始，美军飞机几乎天天轰炸东京，而且是超低空地毯式轰炸。仅3月10日（日本陆军纪念日）这天，美机334架携带1799吨凝固汽油燃烧弹像狂风中的大暴雨，倾盆而下。火借风势，迅速蔓延，东京到处是火海烈烟。据日本消防厅统计，有27万户住宅被大火吞没，上百万人失去住所。死亡10多万人，受伤的就有4.1万多人。美军紧接着又对大阪、京都、名古屋、神户、吴市、横滨等城市进行大轰炸。

据日本方面统计，从1944年11月1日到日本无条件投降为止，空袭日本的美B-29轰炸机共进行轰炸17500架次，共计投弹16万吨。炸死35万人，受伤42万人，烧毁房屋221万户。炸毁的工厂、机场、桥梁、码头不计其数。

东京上空，美B-29型轰炸机群隆隆而至。东京一片惊恐。

东京市民听到防空警报，吓得恨不得钻入地下。

1945 年 1 月 27 日下午 2 点 7 分，美 56 架 B−29 型轰炸机，第二次轰炸东京繁华街、有乐町、银座四町目等地。

在东京日比谷公会堂投下 13 发炸弹，炸死 81 人，重伤 93 人，轻伤 202 人，建筑物 13 栋全部毁坏。

听到警报，母亲马上带领小孩逃避。

1945 年 3 月 10 日夜里零点，334 架 B-29 轰炸机对东京几个闹市区进行了两个多小时的轰炸，投下 19 万发燃烧弹，死者达 8.5 万人，烧焦的尸体堆满街道。

炸死和烧死的人被消防厅工作人员收放于各大寺院里。

住房被炸没了，活着的人们跑到自家住处的废墟上，希望能挖掘出一点有用的物品。

这位老人的家被烧了，亲人也死了，她一个人只好在残破的防空洞口的窝棚里生活。

3 月 10 日大空袭后，这家人收拾残余物品，带着小孩，不知要去哪里避难。

1945年5月29日上午9点开始，107架美军飞机对横滨市进行了一个半小时轰炸，投下了3200吨炸药，全市三分之一被烧，4616人死亡，1.4万人受伤。图为弹雨下的横滨市。

图为6月5日空袭后，一条小街道上的死尸和烧伤的人。在轰炸东京、大阪、横滨、名古屋等大城市的同时，美军对全日本100个以上的地方中小城市进行了大空袭。8月15日凌晨4点40分是B–29型轰炸机最后一次轰炸，对高崎、熊谷、伊势崎、秋田、小田原等地进行了轰炸。

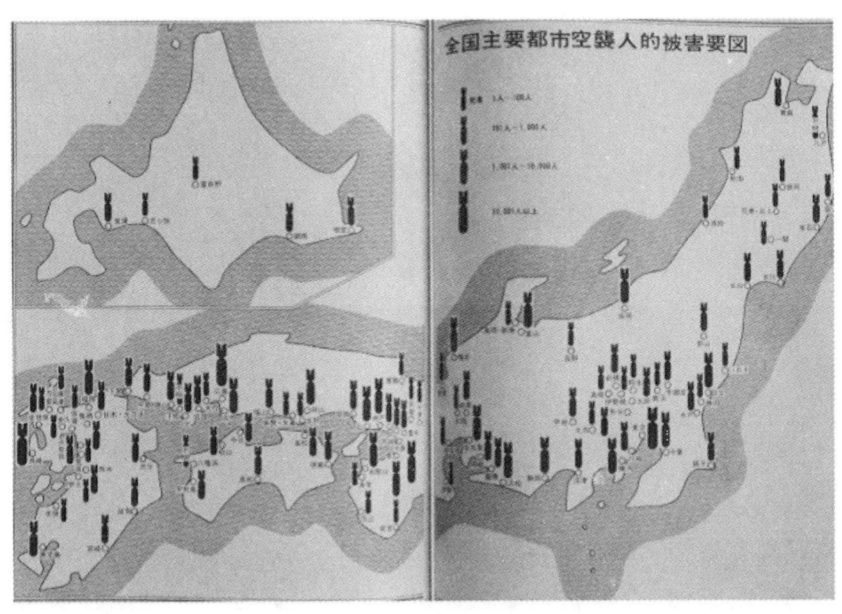

从这张表中可以看到空袭地点之多。

美军的燃烧弹雨，划破了东京夜空。

大火在东京市区熊熊燃起。

家园被炸毁，亲人被炸死，只剩自己一个人。东京市民在“自家”前痛苦地沉思。

东京被炸后的惨景。

啊！原子弹！

美国从 1943 年开始，经过两年半，花费 25 亿美元，动用近 10 万名科技人员和工人，于 1945 年 7 月首次造出了三颗原子弹，起名为“小男孩”、“大男孩”、“胖子”。1944 年 9 月 18 日英美两国首脑会谈时，罗斯福和邱吉尔决定：“原子弹不需用于即将失败的德国，应该投给日本。”

日本军国主义分子明知失败已成定局，但仍然不死心，决定“一亿玉碎”。当时日本全国兵力仍有 200 万，加上在中国、朝鲜的日军，至少有几百万。如果不能尽早让日本投降，双方都会死伤很多人。另外美国已知苏联要出兵东北，而且已占领了千岛群岛（即北方四岛），如不尽早停战，苏联便可占领日本的北海道。但美国不愿与苏联瓜分日本。因此，只能用原子弹进行有力的威胁。投放原子弹越早越好，重点是军事设施和军需工厂，投掷前不可预告。

1945 年 7 月 24 日，美国总统杜鲁门批准对日使用原子弹。1945 年 8 月 6 日上午 8 点 15 分，第一颗原子弹在广岛市中心投下，在高度 548 米的空中爆炸，首先是一道异常刺目的强光，接着是震撼山岳的巨响，蘑菇状的烟云翻滚着直冲云霄，温度高达几百万度。这从未有过的“暴风火”，以每小时 60 千米的高速，将大地上的一切建筑物全都摧毁，人、物、树木、桥梁等等，瞬间被扫得干干净净。这颗原子弹的威力相当于 1 万 7 千吨常规烈性炸药。8 月 9 日上午 11 点 30 分，第二颗原子弹在长崎市投下。

据日方统计，广岛市受灾人数共计 13 万人，死亡和失踪 9.2 万人。长崎市死亡 2.4 万人，失踪 1.9 万人，负伤 4 万余人。广岛市爆炸中心 23 千米半径内全部瘫痪，通信也都中断，直到爆炸当日 11 点 10 分，内务大臣木户幸一才向天皇作了 20 分钟含糊其词的报告。8 月 7 日 1 点 30 分，木户幸一再次向天皇汇报了广岛受灾情况。天皇沉默良久，然后沉痛地说："除了低头之外，没有别的办法了，我自身即使发生任何情况，战争也要尽早停止。……"以下组图均是原子弹爆炸后的惨况。

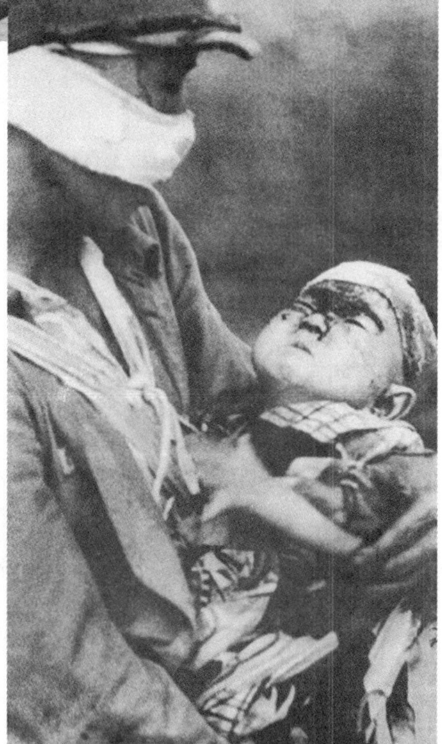

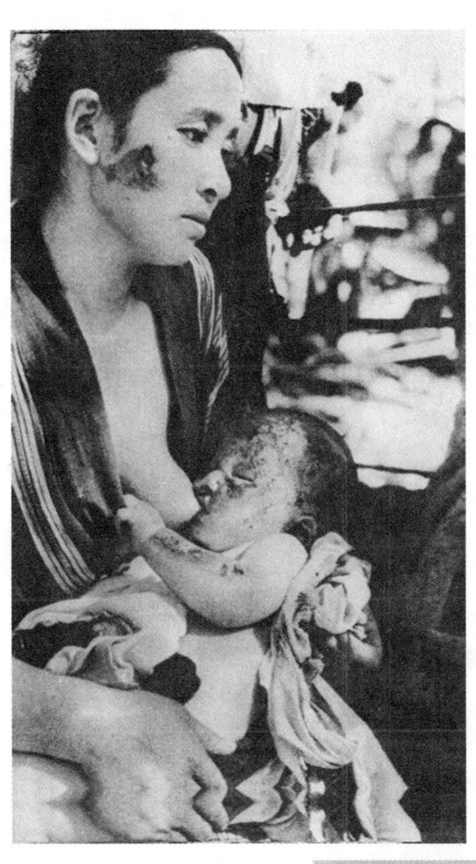

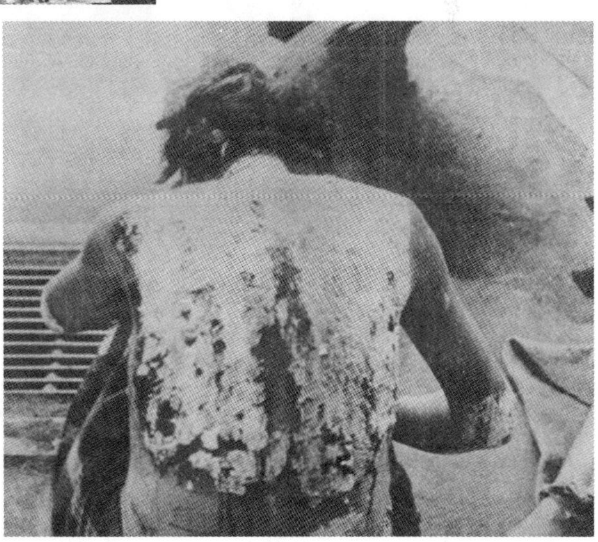

苏联出兵中国东北

1944 年 11 月 7 日，斯大林在庆祝十月革命节大会上，发表了异乎寻常的讲话，正式称日本为侵略国。日本分析，苏联一定会废除日苏中立条约。1945 年 4 月 16 日，日本得到驻苏使馆送来的情报，告知：4 月上旬苏联已开始向远东输送大量部队、飞机、坦克。看来苏联已下决心向日开战。

5 月 5 日，日大本营下令，调驻扎在中国内地的四个师团到东北。1945 年 7 月 17—8 月 2 日，美英苏三国首脑在德国的波茨坦举行会议。会上讨论了结束对日作战的条件和对日战后处理方针等，斯大林向杜鲁门表示，苏联会在 8 月 15 日对日作战。结果，苏联于 8 月 9 日，即美国向长崎投放原子弹之日，出动大军 157 万，兵分三路从东、北、西方浩浩荡荡，威猛果断，将日本的王牌军——关东军，像秋风扫落叶一样收拾光。

苏军第 1 军从东宁附近，第 4 军从北部孙吴，第 3 军从西面的海拉尔，进军中国东北。一天之内就越过了大兴安岭。

东、北方面进军遇到了日军抵抗，西方面军相当顺利，一日可推进24公里。图为苏军与兴安岭地区中国居民欢谈。

图为哈尔滨市内的苏军检查缴获的日军坦克。

沈阳市民欢迎苏军的到来。

8 月 15 日—16 日苏军占领了旅顺后，18 日挥军南下占领了千岛列岛。

伪满州皇帝溥仪在逃跑途中于19日被苏军逮捕，苏军于1946年3月从东北撤走。图为东北民主抗日联军。

不可一世的关东军迅速被苏联红军打败。图为关东军在哈尔滨向苏军缴械投降。

日本无条件投降！

冲绳战的惨败，苏联出兵东北，两颗原子弹的使用，日本军事防线特别是心理防线彻底垮了。在严重的现实情况下，日本不得不承认失败，决定无条件投降。

在1945年8月9日深夜，由天皇亲自主持的紧急御前会议上，天皇力排众议，明确地说："我赞成外务省的方案（即投降方案），关于说担心天皇制和皇室，我自身之事和皇室等等，你们不要操心。"8月10日凌晨2点30分，与会者一致同意无条件投降。但要保留天皇统治国家的权力。

8月10日早晨，日本电台广播了日本政府愿意接受美英苏三国波茨坦宣言，希望在天皇统治体制继续存在的前提下投降。

8月11日下午，美国国务卿贝尔纳斯正式宣布，中美英苏接受日本投降。并将中美英苏四国对日乞降照会的复文，送交瑞士公使馆代办转交日本政府。

由于陆军中一些顽固分子作梗，日本政府的回复，迟迟不见音信。因为铃木首相说服不了军部，便召开了第二次御前会议。铃木报告了近况，说内阁中仍有20%的人反对投降，请天皇裁决。裕仁天皇说："我的意见不变，如果再继续打下去，除了遭受更大的灾难之外，什么也得不到……我的结论是，可以接受中美英苏的照会。我希望内阁立即准备通过广播对国民发表停止战争的诏书。"天皇说完，再未征求意见，径直走了。参加会议的25人早已失控，有叹息的、有哭泣的，有低头不语的，昔日趾高气扬、不可一世的丑态，已荡然无存。

外务省火速通过瑞典和瑞士政府将《日本政府接受投降致中美英苏通告》转交四国。

中美英苏四国政府接受日本投降通告后，于 8 月 15 日晨 7 时向全世界发出《日本正式无条件投降》的通告。

8 月 15 日上午，日本政府通过广播电台播送了裕仁天皇的投降诏书。

8 月 15 日下午，美国总统杜鲁门向麦克阿瑟下达了《日本投降事宜一般命令第一号令》。命令中规定，受降地域划分为：一、中国本土、台湾、北纬 16 度以北的越南，由中国政府受降；二、中国东北、北纬 38 度以北的朝鲜及库页岛，由苏联政府受降；三、日本本土、菲律宾、北纬 38 度以南的朝鲜，由美国麦克阿瑟司令官受降，其他太平洋地域由尼米兹司令官受降；四、东南亚地域，由英国蒙巴顿司令官受降；五、婆罗洲及其他地域由澳大利亚受降。太平洋战争以正义战胜了邪恶而宣告结束！

1945 年 9 月 2 日上午 9 时，在日本东京湾的美国“密苏里”号战舰上举行历史性的受降仪式，投降方为日本天皇和政府的代表重光葵外相，日本大本营代表参谋总长梅津美治郎大将及随员 7 人。

日本外相重光葵代表天皇和日本政府在投降书上签字。

日军参谋总长梅津美治郎代表日军在投降书上签字。

受降方美国代表麦克阿瑟元帅、尼米兹海军上将、中国代表徐永昌将军（军令部部长）、英国代表弗莱赛上将、苏联代表杰列维亚科中将，还有加拿大、澳大利亚、法国、荷兰等国代表。

在联合国代表中，最引人注目的是原新加坡防卫司令官英国的波西瓦尔将军和菲律宾防卫司令官温莱特将军，他俩是几天前刚刚从中国沈阳日军俘虏营中释放出来的，神态非常憔悴。

麦克阿瑟元帅手握烟斗，带着大墨镜，在日本厚木机场走下飞机，踏上了日本土地。

美军占领日本，预想到日本顽固分子会拼命抵抗。图为全副武装的美军登陆日本。

麦克阿瑟元帅（1954 年 8 月 30 日日本厚木机场，右为巴格中将）。

浩浩荡荡的美军开进了日本东京。

日本无条件投降。听到天皇的“玉音”播放，臣民们只好跪在皇宫广场上痛哭。

1945年11月24日美军将日本理化研究所、仁科研究室的粒子加速器及回施加速器投入东京湾大海中。

日本投降后向美第 8 军交出 1325 辆坦克。图为美军将日军坦克改为推土机。

图为 1946 年 5 月吴市的播磨造船厂拆解日军特殊小型潜水艇“蛟龙”的情景。

战后的日本不但食品缺少，一切日用品也十分稀少。图为1946年8月30日晨，5千多人排队，为的是买一双皮鞋，有的人4天前就来排队。

战后日本由于物资贫乏，各地黑市猖獗。图为上野广小路警察在取缔黑市商贩。

战后社会慈善团体为失去家人的流浪儿童放粥。

失去家人和住所的人们只好在车站广场上睡觉。

日本战败后，有614万人从亚洲各国返回日本。图为1946年12月5日1928名日本军人和民间人士在桦太乘“云仙丸”号归国的情景。

这些经过千辛万苦回到祖国的日本复员兵，面临的是已变成一片废墟的日本。

苏军攻入中国东北后，将60万日军战俘押到西伯利亚，进行采木、修路、建房等重体力劳动，在极寒的天气下，缺少食粮，死亡6万多人。

由于饥饿，日本人民在皇宫广场多次举行反饥饿示威运动。

战后的日本全国陷于大饥荒中，一切食品都实行配给制，这位老太太终于领到两碗粥。

日军投降后，众多军事设施和武器被毁。图为广岛吴市军港被炸毁的日军军舰。

被盟军炸毁的日军飞机残骸。

东京大审判

日本发动的侵略战争，给中国人民、东南亚各国人民、美国人民以及日本人带来了深重而无尽的灾难。发动战争的狂人，更是自食其果，罪有应得，遗臭万年。1948年12月23日，远东国际军事法庭判处东条英机、松井石根、土肥原贤二、板垣征四郎、木村兵太郎（以上均为大将）、武藤章中将、广田弘毅（原首相）绞刑。

东京审判厅全景。图右下角坐在被告席上的是东条英机。1948年4月29日，对28名罪大恶极的战犯宣判。

图为全体战犯在宣判后的合影（松冈洋右和大川周明缺席）。

审庭被告席上的战犯，倾听对自己的宣判。

东条英机（1884—1948年）。日本陆军大学第17期毕业，1937年任关东军参谋长，1940年任陆相，1941年升为大将、首相兼陆相。

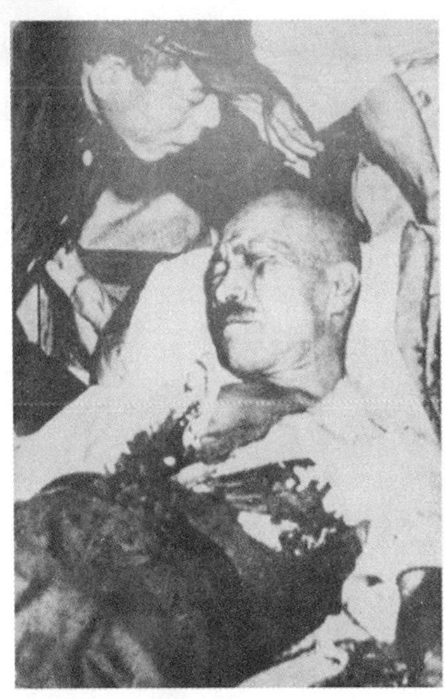

东条英机自杀未遂。

广田弘毅（1878 年—1945 年），东京大学毕业后入外务省，1930 年担任驻苏大使，1932 年任外务大臣，1936 年任首相兼外相。

松井石根（1878 年—1948 年），陆军大学毕业，1933 年升任大将，1937 年任上海派遣军司令官，中支方面军司令官，为南京大屠杀主谋。

武藤章（1892—1948 年），陆大毕业，1937 年任参谋本部作战科长，1939 年任军务局长，1941 年升中将。

板垣征四郎（1885—1948 年），陆大毕业，1931 年任关东军参谋长，1938 年任陆相，1941 年升大将。

木村兵太郎（1888—1948年），陆大毕业，1940年任关东军参谋长，1941年任陆军次长，1945年升为大将。

土肥原贤二（1883—1948年），陆大毕业，1931年任奉天特务机关长，一手策划建立“满洲国”，1941年升为大将。

以上七名罪犯于1948年11月12日，被判为绞刑。于1948年12月23日夜执行。

日军14军司令官本间雅晴中将在马尼拉军事法庭被判处死刑，1946年4月6日被枪毙。

被押送到马尼拉军事法庭的日军14方面军司令山下奉文大将以屠杀菲律宾6万人的罪行，1946年2月23日被处以绞刑。

1945年9月9日在南京的日本中国派遣军总参谋长小井浅三郎中将在投降书上签字。

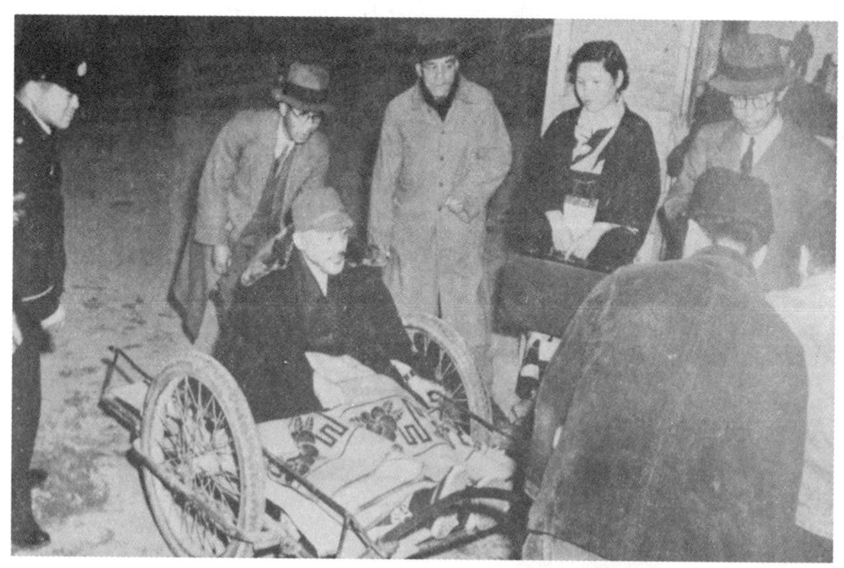

号称日本陆军“奇才”、“九一八事变”的策划者石原莞尔坐着板车被送进法庭。

罪行累累的战犯被送上了断头台。

编后语

恶贯满盈，必有恶报。

想当初，武装到牙齿的日本军国主义头面人物，耀武扬威，指挥千军万马，横冲直撞，实行“烧光、杀光、抢光”的毒策，致使中国人民死伤3500万之多，731部队残忍地做活体实验，在大久野岛制造的毒气之多，足以毁灭地球上的全人类。强迫良家妇女做随军“慰安妇”，更是日军的独创。日军在二战中犯下的种种骇人听闻的罪行，罄竹难书。

东京大审判的结果是：

绞刑：452名；枪毙：308名。

自杀和病死狱中者：151名。共计911名。

1948年12月3日夜里零点13分30秒，罪大恶极的元凶板垣征四郎大将、木村兵太郎大将等七名A级战犯被执行了绞刑。罪有应得！

近千名战犯被判绞刑、枪毙、无期徒刑、有期徒刑等等，消息传来，人心大快！

日本投降后，被15年战争压得喘不过气来的日本人民，终于得到了解放。人们给麦克阿瑟元帅去的信件，堆积如山，一致要求彻底扑灭以东条英机为首的军阀、军国主义，让人们过上和平民主的生活。东京大审判的结果，非常符合民意。也有一撮战争的既得利益者、好战狂热分子喊冤叫屈。也有不少学者、专家写文议论，认为应追究天皇的罪责。如果当时追究了天皇的罪责，今天或许就不会有供奉着甲级战犯的靖国神社了；安倍晋三之流或许不会狂叫修改宪法，创建

“国防军”，到处煽风点火，围堵中国，妄图重温“大东亚共荣圈”的美梦了。

谁忘记历史，谁就会受到历史的惩罚。谁想抹杀否认侵略罪责，谁就是想发动新的侵略战争。

爱好和平的人民要提高警惕，决不允许日本极右分子卷土重来，陷人民于水深火热之中。

殷占堂

2013年6月10日于东京

11月20日改于北京

参考资料

《太平洋战争》，1—4 册，每日新闻社
《太平洋战争与进驻军》，小学馆
《战争与庶民》，1—2 册，朝日新闻社
《太平洋战争》，世界文化社
《虎、虎、虎——珍珠港奇袭密话》，日本リーダーズ　ダイジユスト社
《日本最后之战》，月刊冲绳社
《战争裁判处刑者》，新人物往来社
《珍珠港攻击》，新人物往来社
《朝日百科——日本的历史》，朝日新闻社
《丸月刊——本土防卫战》，潮书房
《日本的战史——日中战争》，4，每日新闻社
《日本的战争史——日中战争》，第 4 册，每日新闻社
《太平洋战争画集》，1—4 册，集英社
《空袭、败战、引扬》，每日新闻社
《天皇的战争责任》，井上清
《太平洋四大战役全画传》，侯鲁梁，京华出版社
《太平洋战争日本战败内幕》，李庚辰、赵尚朴，四川出版社
《东京裁判》，日本评论社
《东京大空袭记录》，三省堂